Cryptocurr

Een complete inle
cryptoc

(Bitcoin, Litecoin, Ethereum, Cardano, Polkadot,
Bitcoin Cash, Stellar, Tether, Monero, Dogecoin en
meer...)

Inleiding

2021 editie.

Blockchain is de technologie die het bestaan van cryptocurrencies mogelijk maakt. Bitcoin is de naam van de bekendste cryptocurrency, die waarvoor de blockchaintechnologie werd uitgevonden.

Een cryptocurrency is een ruilmiddel, zoals de Amerikaanse dollar, het Britse pond of de euro, maar is digitaal en maakt gebruik van versleutelingstechnieken om de aanmaak van geldeenheden te controleren en de overdracht van geld te verifiëren.

Dit is de beschrijvende introductie tot Cryptocurrencies en Blockchain technologie. De 160 pagina's in dit boek geven uitleg over de technologie en verschillende cryptocurrencies, waaronder Bitcoin, Ethereum, Ripple, Tether, Polkadot, Cardano, Stellar, Litecoin, Bitcoin Cash, en Dogecoin.

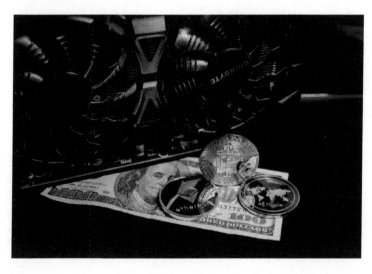

Inhoudsopgave

Geniet van al onze boeken gratis...

  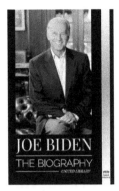

Interessante biografieën, boeiende introducties en meer.

Word lid van de exclusieve United Library reviewers club!

U krijgt elke vrijdag een nieuw boek in uw inbox geleverd.

Ga vandaag nog naar: https://campsite.bio/unitedlibrary

Cryptomonnaie

Een **cryptomunt**, ook **cryptocurrency**, **cryptodevice**, **cryptografische valuta** of **cybermoney genoemd** is een munteenheid die peer-to-peer, zonder tussenkomst van een centrale bank, wordt uitgegeven en kan worden gebruikt door middel van een gedecentraliseerd computernetwerk. Het maakt gebruik van de beginselen van cryptografie en betrekt de gebruiker bij het proces van uitgifte en vereffening van transacties,,.

Werkingsprincipes

Bewijs van werk

Cryptomonners gebruiken een validatiesysteem zoals een bewijs van werk om hen te beschermen tegen elektronische vervalsingen. Er zijn verschillende varianten van cryptosystemen ontwikkeld sinds de eerste in 2009 werd geïntroduceerd: de bitcoin,,,,,,,.

Op enkele uitzonderingen na is het merendeel van de cryptogeldsystemen zo opgezet dat de creatie van nieuwe munteenheden geleidelijk verloopt, terwijl voor de meeste een plafond wordt vastgesteld voor de geldhoeveelheid die uiteindelijk in omloop zal zijn. In tegenstelling tot wettige betaalmiddelen die door financiële instellingen worden uitgegeven of in contanten worden aangehouden, worden cryptomuntstelsels beheerd door een openbaar toegankelijk register waarin alle transacties vanaf het begin worden geregistreerd. Transacties worden in beginsel geacht fraude- en manipulatiebestendig te zijn, dankzij het uitgebreide gebruik van cryptografie. Er zijn uitzonderingen op de regel van anonimiteit, zoals Monero, Dash, Zerocoin,,,,, Bytecoin en Black Coin.

Het genereren van blokken en het creëren van crypto-monetair door mijnbouw

Wanneer een transactie wordt uitgegeven, wordt zij verzonden en gevalideerd door de computers die samen het netwerk vormen. Deze validatie is het resultaat van een berekening waaraan iedereen kan deelnemen. Zodra een transactie gevalideerd is, krijgt elke computer die aan de validatie ervan heeft deelgenomen een hoeveelheid cryptografie toegewezen in verhouding tot zijn deelname aan de berekening. Deelnemen aan de berekening van cryptografietransacties vergt een aanzienlijke investering, aangezien het van essentieel belang is te investeren in gespecialiseerde systemen zoals FPGA of ASIC. Andere cryptosystemen, gebaseerd op andere algoritmen, staan minder krachtige systemen toe aan de berekening deel te nemen. GPU's, of CPU's voor sommige cryptosystemen, zijn namelijk krachtig genoeg om snel berekeningen uit te voeren. De deelname aan de geldschepping, "mining" genoemd, verloopt volgens een logaritmisch schema dat de ontdekking van goud moet nabootsen:

- In het begin zoeken weinig mensen naar goud, dus is het vinden relatief eenvoudig.
- Naarmate de informatie zich verspreidt en meer en meer mensen op zoek gaan, wordt goud steeds moeilijker te vinden en steeds zeldzamer.
- Als gevolg daarvan wordt de investering van de actoren steeds belangrijker, waardoor de grenzen worden verlegd en kleine onderzoekers worden gedwongen op te geven.
- Omdat de hulpbron uitputbaar is en steeds duurder wordt om te verkrijgen, stijgt de waarde ervan terwijl de kans op ontdekking afneemt.

Volgroeide cryptosystemen bereiken fasen waarin de complexiteit een aanhoudende investering in hardware vereist. Nieuwe cryptosystemen, of systemen die nog niet voldoende volume hebben bereikt, bevinden zich nog in de aanloopfase. Het genereren van blokken doet de vraag rijzen naar de energie die nodig is om cryptografie tot stand te brengen. Afhankelijk van de hardwareconfiguraties kan het stroomverbruik hoog zijn. Aansluiting bij een groep van blokgeneratoren blijft de meest geschikte methode om middelen te bundelen en inkomsten te verwerven uit de mijnbouwactiviteit. Kryptonics hebben variabele efficiency ratio's . Omdat secundaire cryptocurrencies zoals Monero of Ethereum minder wijdverspreid zijn, is het genereren van blokken toegankelijker en minder concurrerend. Andere cryptocurrencies, zoals Gridcoin, doneren een deel van de berekeningen aan wetenschappelijke projecten.

Geschiedenis van kryptonium

Oorsprong van de term cryptogeld

De term "cryptogeld" is gebaseerd op het aan deze valuta verbonden versleutelingsmechanisme van bijzondere aard: "verborgen").

1998-2009: de oorsprong, een vertrouwelijke uitgave

Het concept van cryptografie bestond al lang voor de oprichting van Bitcoin. Het bedrijf, DigiCash Inc., dat in 1989 werd opgericht door David Chaum, had als doel de eerste virtuele valuta te creëren die wereldwijd zou worden gebruikt. DigiCash was een bedrijf voor virtuele valuta. Het creëerde een anoniem betalingsprotocol gebaseerd op cryptografie. Desondanks faalde Digicash in zijn project om zijn cryptografie massaal in te voeren. Het bedrijf werd in 1998 gedwongen failliet te gaan.

In 1998 publiceerde Wei Dai een beschrijving van "b-money", een anoniem systeem voor het beheer van elektronisch geld. Kort daarna creëerde Nick Szabo "Bit Gold", waarbij gebruikers een proof-of-work functie moesten voltooien waarvan de oplossingen werden versleuteld, gebundeld en gepubliceerd. Bitcoin, in 2009 gecreëerd door een ontwikkelaar onder het pseudoniem Satoshi Nakamoto gebruikt het SHA-256 algoritme als proof of work systeem. Er zijn nog andere cryptomuntensystemen, zoals Litecoin, Peercoin en Namecoin. Er zijn verschillende andere cryptomuntensystemen gecreëerd: ze zijn niet allemaal succesvol geweest, vooral die met weinig innovatie.

2011-2017: de goedkeuring door een breed publiek van drie generaties cryptomuntensystemen

Tijdens de eerste jaren van hun bestaan kregen cryptomunten geleidelijk de aandacht van de media en het publiek. Sinds 2011 is de belangstelling snel toegenomen, vooral tijdens de snelle prijsstijging van de Bitcoin in april 2013. Vanaf 2014 is een tweede generatie cryptosystemen ontstaan, zoals Monero, Ethereum en Nxt, met nieuwe kenmerken zoals stealth-adressen, slimme contracten, het gebruik van blokketens aan de zijkant of ketens die worden gedekt door fysieke activa zoals goud. Vertegenwoordigers van verschillende centrale banken hebben verklaard dat het gebruik van cryptosystemen aanzienlijke uitdagingen vormt voor het economisch evenwicht. In het bijzonder vanuit het oogpunt van de prijs van het krediet. Zij waren ook van mening dat de groeiende populariteit van commerciële cryptogeldsystemen ertoe zou kunnen leiden dat de consument zijn vertrouwen in fiatvaluta's verliest. Gareth Murphy, een vertegenwoordiger van de centrale bank van de VS, zei dat "wijdverbreid gebruik het voor bureaus voor de statistiek moeilijker zou maken om gegevens over de economische activiteit te verzamelen, die op hun beurt door regeringen worden gebruikt om de economie te sturen". Hij waarschuwde dat cryptogeld een nieuwe uitdaging vormt voor de controle op de belangrijke monetaire en wisselkoerspolitieke functies van centrale banken.

De eerste, tweede en derde generatie cryptomunten· :

1. De eerste generatie wordt vertegenwoordigd door Bitcoin . Stevig gevestigd, initiator van de media- en publieke rage voor cryptogeld, lijdt het aan regelmatig gesignaleerde tekortkomingen, zoals zijn traagheid, zijn relatief kleine blokgrootte, in het bijzonder.

2. Een tweede generatie biedt ofwel kleine verbeteringen ofwel technologische vernieuwingen die nieuwe functies mogelijk maken. Het archetype van deze tweede generatie is het Ethereum , dat gebruik maakt van intelligente contracten.
3. De derde generatie: gezien de nieuwe beperkingen, met name op het gebied van capaciteit, veiligheid en bestuur, zijn nieuwe cryptosystemen ontstaan, zoals EOS.IO, Cardano , AION, ICON en Raiden Network , voor de meest bekende. EOS.IO is zelf afgeleid van Ethereum. Ze brengen innovaties, maar in augustus 2018 heeft geen van hen de leiding genomen over de anderen.

De eerste stablecoin, bitUSD, wordt in 2014 geïntroduceerd. De lancering van cryptovaardigheden met een vaste prijs is gebaseerd op de voordelen die door dit soort valuta worden geclaimd.

Een ondernemer, oprichter van Robocoin, lanceerde op 20 februari 2014 de eerste bitcoin-automaat in de Verenigde Staten. De kiosk in Austin, Texas, is vergelijkbaar met een bankautomaat, maar heeft scanners om ID-kaarten te lezen ter bevestiging van de identiteit van gebruikers.

In 2018 is de markt gedaald ten opzichte van eind 2017. Het aantal vacatures in de sector blijft echter toenemen.

Op 21 augustus 2019 zijn werknemers van de Zuid-Oekraïense kerncentrale die deze op het internet hadden aangesloten om de cryptografie te ondermijnen, door de geheime dienst gearresteerd.

Soorten Cryptosystemen

Eind 2019 staan er bijna 2.400 cryptomunten op de site coinmarketcap. Daaronder zijn er bepaalde soorten cryptovaardigheden.

De Stablecoins

Stablecoins zijn bedoeld om de waarde van een activum, de dollar, goud of de euro, te repliceren. Het doel is te voorkomen dat de markt onderhevig is aan volatiliteit.

Bekende stablecoins zijn:

- Tether
- Dai
- Paxos

Stabiele wiggen worden door centrale banken beschouwd als een potentieel gevaar voor de financiële stabiliteit, maar ook als een ondermijning van de monetaire soevereiniteit. Het Forum voor financiële stabiliteit stelt voor de stabiliteitswiggen in te kaderen en te reguleren, althans die welke door hun mondiale en universele karakter een probleem vormen in termen van financiële risico's. Deze aanbeveling sluit aan bij het standpunt van de G7 in 2019.

Toepasselijke belastingregeling

Cryptonics kende een periode van relatieve rechtsonzekerheid voordat de wetgever tussenbeide kwam bij de stemming over de financieringswet voor 2019.

Het eerste regime treedt in werking met de fiscale instructie van 11 juli 2014: cryptogeld wordt dan gekwalificeerd als "*virtuele rekeneenheden opgeslagen op een elektronische drager*", belastbaar volgens de progressieve schaal van de inkomstenbelasting, in de categorie van de niet-commerciële winsten.

De tweede regeling treedt in werking met de uitspraak van de Raad van State van 26 april 2018: cryptomonnages worden gekwalificeerd als "immateriële roerende goederen" in de zin van het burgerlijk vermogensrecht, belastbaar in de categorie van de meerwaarden op roerende goederen die vallen onder artikel 150 UA van de CGI, of bij gebreke daarvan, niet-commerciële winsten of industriële en commerciële winsten . Naast de socialezekerheidsbijdragen werd een forfaitair tarief van 12,9% toegepast op de vermogenswinst, die bovendien belastingvrij was voor elke overdracht van minder dan 5.000 euro.

De huidige regeling, gestemd met de begrotingswet van 28 december 2018, definieert cryptogeld als digitale activa in artikel L54-10-1 van het Monetair en Financieel Wetboek: digitale activa zijn civielrechtelijke immateriële roerende activa, belastbaar voor de inkomstenbelasting, op grond van artikel 150 VH bis van het Algemeen Belastingwetboek. Vermogenswinsten uit de verkoop van digitale activa komen in aanmerking voor dezelfde forfaitaire heffing als inkomsten uit roerende activa: een forfaitair tarief van 12,8%, waaraan 17,2% socialezekerheidsbijdragen moeten worden toegevoegd. Er geldt een belastingvrijstelling wanneer het bruto jaarbedrag van de verkopen minder dan 305 euro bedraagt.

Aangifte van een op een platform aangehouden rekening

Sinds 1 januari 2020 moet elke rekening die wordt geopend, aangehouden of gesloten op een platform voor de uitwisseling van digitale activa of op een intermediair, worden aangegeven op hetzelfde moment als waarop de belastingplichtige zijn belastingaangifte invult: formulier 3916 bis, een ander formulier dan formulier 3916 dat voor traditionele buitenlandse bankrekeningen is voorzien, moet worden ingevuld.

Juridisch kader voor fondsenwerving: ICO

Initial coin offering, in verwijzing naar aandelenaanbiedingen door beurzen, is een vorm van financiering, halverwege tussen fondsenwerving en aandelenfinanciering, door middel van de voorverkoop van een nieuwe cryptomunt. De eerste opvallende Initial coin offering is die van Ethereum in 2014.

In 2017 is deze markt nog steeds slecht gereguleerd, dus in september verbood China ICO's op zijn grondgebied. In Rusland keurt Vladimir Poetin het gebruik van ICO's goed door de invoering te eisen van passende regelgeving om de markt voor cryptogeld te controleren.

Een *Security Token Offering* of STO is een door wettelijke normen omkaderde *Initial Coin Offering.*

Sommige crypto-currencies

Cryptogeld van soevereine staten

- In januari 2018 kondigt de Bank of England aan dat zij van plan is een cryptogeld te creëren dat geïndexeerd is aan de Britse munt.
- In Canada en Singapore zijn instellingen ook van plan officiële betalingssystemen in cryptografie te ontwikkelen.
- In 2018 zullen de Marshalleilanden het eerste land ter wereld zijn dat een wettelijk cryptografiesysteem lanceert.
- In 2018 creëerde de Venezolaanse president Nicolas Maduro een cryptomunt, de petro, gekoppeld aan de prijs van een vat olie, om de Amerikaanse sancties te omzeilen.
- In 2018 overweegt Turkije ook zijn munt, Turkcoin, om de economie te stimuleren.
- Iran is van plan om in 2018 een nationale cryptogeld te creëren, gebaseerd op bitcoin, om de val van de nationale munt tegen te gaan als gevolg van de terugkeer van de Amerikaanse sancties.
- In 2019 denkt People's China op het punt te staan zijn cryptonics te lanceren om contant geld te onderdrukken, nadat het in 2014 de beweging in gang heeft gezet en 80 octrooien heeft ingediend. Het wordt DCEP genoemd of Digital Currency Electronic Payment.

Belangrijkste uitwisselingsplatforms

Actief

- Bittrex
- Binance
- Bitstamp
- BTER
- Coinbase
- Gatecoin
- Kraken
- Poloniex

Inactief

- Mt. Gox
- Cryptsy
- Vault of Satoshi·

Eigenschappen, voordelen en nadelen

Voordelen

- Zij zijn ontworpen voor het internet en bieden alternatieven voor betalingssystemen op basis van wettige betaalmiddelen. Zij vergroten de toegankelijkheid van e-commerce in ontwikkelingslanden.
- Transparantie: alle transacties zijn openbaar, waarbij de eigenaars en ontvangers van deze transacties aan de hand van adressen kunnen worden geïdentificeerd.
- Cryptogeld kan niet worden nagemaakt of verduisterd. Het encryptieprotocol is ook ontworpen om in hoge mate bestand te zijn tegen de meeste bekende computerbedreigingen, waaronder gedistribueerde denial-of-service-aanvallen.
- De overmakingskosten zijn soms nihil en lager dan die van betalingsinstellingen of geldtransactiekantoren.
- Snelle overschrijvingen van een paar seconden tot een paar minuten in vergelijking met bankoverschrijvingen .
- Overschrijvingen zijn wereldwijd mogelijk, ongeacht het land.
- Geen tussenpersoon: het gecrediteerde bedrag wordt rechtstreeks aangerekend op het ontvangende adres.
- Elk individu of bedrijf kan cryptografie overdragen.

- Op afstand opslaan van de cryptomonnaie op een server of downloaden op een drager .
- Voor sommige cryptovaardigheden is de totale hoeveelheid die kan worden gecreëerd gelimiteerd, waardoor dit type valuta inherent deflatoir is.

Nadelen

- Geringe impact van cryptogeld op het grote publiek.
- Slecht ontwikkeld betalingsnetwerk, hoewel groeiend.
- Verschillende soorten cryptogeld, onverenigbaar met elkaar, met de ontwikkeling van verschillende soorten cryptogeld naast elkaar.
- Hoge volatiliteit.
- Risico van deflatie/hyperinflatie als gevolg van onvoldoende of te veel geldschepping.
- Beveiliging vereist: wachtwoord, dubbele authenticatie.
- Illegaal in sommige landen.
- Cryptomonie die verloren is, is zeker verloren.
- Toenemend energieverbruik als gevolg van mijnbouwactiviteiten.

Andere kenmerken :

- Valuta's die niet afhankelijk zijn van centrale banken.
- Onomkeerbaarheid van de transacties: de ontvanger van de munt kan niet worden geannuleerd. Omgekeerd kan de opdrachtgever zijn betaling niet intrekken.
- De banklobby verzet zich tegen het gebruik van dit soort munt en verdedigt betalingssystemen met wettig betaalmiddel.
- Ontbreken van plafonds en minima bij overdrachten.

Blockchain

Een **blockchain, of keten van blokken** is een technologie voor de opslag en overdracht van informatie zonder controle-instrument. Technisch gezien is het een gedistribueerde database waarin de door gebruikers verzonden informatie en de interne links binnen de database worden gecontroleerd en met regelmatige tussenpozen gegroepeerd in blokken, waardoor een keten wordt gevormd. Het geheel is beveiligd met cryptografie. Bij uitbreiding is een "chain of blocks" een gedistribueerde database die een lijst van records beheert die beschermd zijn tegen manipulatie of wijziging door de opslagknooppunten; het is dus een veilige, gedistribueerde registratie van alle transacties die sinds het begin van het gedistribueerde systeem zijn verricht.

Er is een analogie met het Internet, omdat in beide gevallen de technologieën gebruik maken van computerprotocollen die gekoppeld zijn aan een gedecentraliseerde infrastructuur. Via het internet kunnen datapakketjes van een "veilige" server worden overgebracht naar clients op afstand, terwijl met een *blockchain* "vertrouwen" kan worden opgebouwd tussen afzonderlijke agenten in het systeem. Met *blockchain-technologie wordt* de "vertrouwde derde" het systeem zelf: elk gedistribueerd element van de *blockchain* bevat de elementen die nodig zijn om de integriteit van de uitgewisselde gegevens te garanderen.

Aspecten

Vorig werk

De eerste studie over cryptografisch veilige "block strings" werd in 1991 beschreven door Stuart Haber en W. Scott Stornetta. Zij wilden een systeem invoeren waarbij documenten met tijdstempels niet vervalst of met terugwerkende kracht gewijzigd konden worden. In 1992 namen Bayer, Haber en Stornetta het Merkle Tree-concept in het systeem op, waardoor het efficiënter werd doordat meerdere documenten als een enkel blok konden worden samengevoegd.

Volgens onderzoeker Ittai Abraham is het eerste gedecentraliseerde certificeringssysteem dat van het bedrijf Surety, dat sinds 1995 elke week een cryptografisch certificaat uit zijn database publiceert in de rubriek "Ads and Lost & Found" van de New *York Times.*

De eerste keten van blokken werd in 2008 bedacht door een persoon die bekend staat als Satoshi Nakamoto. Het werd het jaar daarop door Nakamoto geïmplementeerd als het belangrijkste onderdeel van Bitcoin, waar het dient als het openbare register voor alle transacties op het netwerk.

Historische en maatschappelijke aspecten

Veel virtuele valuta's en cryptocurrencies gebruiken blockstrings voor hun beveiliging. Satoshi Nakamoto, de uitvinder van Bitcoin, was de eerste die een gedecentraliseerde blokketen toepaste. Transacties op een blokketen zijn zeer moeilijk terug te draaien omdat blokketens bestand zijn tegen verandering.

Energie- en milieuaspecten

Het verbruik van elektriciteit en IT-middelen behoren tot de verborgen transactiekosten van de blockchain.

Uit een studie van twee Ierse onderzoekers uit 2014 blijkt dat systemen die gebaseerd zijn op het proof-of-work *blockchain-concept* kunnen worden omschreven als energiekazematten. Het gebruik van proof of work leidt tot een exponentieel toenemend verbruik van elektriciteit en rekentijd in de wereld; dit is de reden waarom de Bank voor Internationale Betalingen kritiek heeft geuit op het systeem van proof of work-validaties dat nodig is voor de blockchain; een systeem dat in juni 2018 door Hyun Song Shin als een milieuramp is gekwalificeerd''''.

Nicholas Weaver komt na onderzoek van de online veiligheid van de blockchain en de energie-efficiëntie van het door de blockchains gebruikte "proof of work"-systeem in beide gevallen tot de conclusie dat deze oplossingen "volstrekt ontoereikend" zijn·

Het Ethereum-protocol is van plan de energie- en milieukosten van de blockchain te verminderen door het proof-of-work mijnbouwproces te vervangen door een proof-of-stake mijnbouwproces. De datum voor deze wijziging is nog niet vastgesteld.

Wettelijke aspecten

De keten van blokken werpt juridische vragen op. Deze vragen hebben betrekking op verschillende kwesties: mededingingsrecht, privacyrecht, intellectueel eigendomsrecht, contractenrecht en de governance van de keten.

In het bijzonder werken blockchains met publiek bestuur zonder een vertrouwde derde partij, wat overeenkomt met een vorm van gemeenschapsidealisme. Zij verschillen van consortium-blockchains waar de knooppunten die aan de consensus deelnemen, vooraf zijn gedefinieerd, zoals in het R3-project.

Een private blockchain werkt met een vast kader waarvan de regels, mogelijk extrinsiek aan de code, de werking bepalen, terwijl de publieke blockchain geen andere regels bepaalt dan die van de code die wordt gevormd door het protocol en de softwaretechnologie waaruit hij is samengesteld.

Wat het recht op privacy betreft, stelt de CNIL in 2018 een rapport op waarin wordt aangegeven dat blockchains niet a priori problematisch zijn, behalve wat betreft de uitoefening van het recht om persoonsgegevens te wissen, dat bijvoorbeeld deel uitmaakt van de beginselen van de RGPD.

Operatie

Werkend bewijs, de historische methode van consensus

De keten van blokken is een vorm van implementatie van de oplossing van het "Byzantijnse Generaalsprobleem". Dit wiskundige probleem bestaat erin ervoor te zorgen dat een reeks samenwerkende computercomponenten storingen kan opvangen en een consensus kan produceren. Het systeem moet zijn betrouwbaarheid kunnen handhaven in het geval dat een minderheid van de componenten foutieve of kwaadwillige informatie verzendt, zoals in het geval van cryptografie, om de verificatie van dubbele uitgaven door netwerkminers te omzeilen.

De historische methode om dit soort consensus te bereiken is "bewijs van werk". Bij deze methode wordt gebruik gemaakt van een wiskundig probleem waarvan de oplossing het mogelijk maakt na te gaan of de "miner" daadwerkelijk een klus heeft geklaard. Het protocol maakt gebruik van een cryptografisch systeem dat gebaseerd is op een gedecentraliseerd systeem van bewijzen: de oplossing van het bewijs vereist een hoog niveau van rekenkracht die door de miners wordt geleverd. Minors zijn entiteiten die als taak hebben het netwerk van rekenkracht te voorzien, om de gedecentraliseerde database bij te werken. Voor deze update moeten de miners de nieuwe blokken bevestigen door de gegevens te valideren. In het geval van bitcoin en in het geval van het toevoegen van blokken aan de keten, moet een brute kracht cryptografie probleem worden opgelost om een nieuw blok toe te voegen. Afhankelijk van de "moeilijkheidsgraad" van de keten op het ogenblik van de oplossing, kan het nodig zijn de keten enkele honderden miljarden keren te herhalen. In het geval van Bitcoin wordt een mijnwerker alleen betaald voor zijn werk als hij als eerste het cryptografische probleem heeft opgelost.

Er is concurrentie tussen mijnwerkers voor de toevoeging van nieuwe blokken, maar ook een zekere solidariteit. Iedereen kan zijn rekenkracht lenen om te mijnen, maar hoe meer mijnwerkers er zijn, hoe groter de "moeilijkheidsgraad" en hoe moeilijker het is om het cryptografische probleem op te lossen. Omgekeerd, als mijnwerkers stoppen met mijnen, daalt de moeilijkheidsgraad. Het protocol kan bijna onaantastbaar worden zodra geen enkele groep miners de meerderheid wordt.

De valkuilen van deze methode zijn onder meer: de latentietijd die nodig is om een transactie te valideren en de dalende winst van de miners. Er wordt ook gewezen op het aanzienlijke energieverbruik dat met deze methode gepaard gaat. Geconfronteerd met deze constateringen wordt in de "blockchain"-gemeenschap gediscussieerd over het gebruik van consensusmethoden die niet langer een bewijs van werk zouden zijn, maar bijvoorbeeld een bewijs van deelname.

Andere methoden van consensus

Verscheidene entiteiten gebruiken andere methoden van consensus. De cryptocurrency Peercoin bijvoorbeeld maakt gebruik van een mengeling van "bewijs van werk" en "bewijs van deelname", d.w.z. dat de moeilijkheidsgraad van het werk wordt aangepast aan het "aandeel" van elk van de nodes. Deelname" wordt gedefinieerd als het product van het aantal aangehouden peercoins en de leeftijd van elk van deze knooppunten. Hoe hoger de deelname, hoe lager de moeilijkheidsgraad van de hashfunctie; dit vermindert mechanisch het stroomverbruik van de ontginningsalgoritmen die nodig zijn om geld te creëren.

Ethereum, dat de "proof of work"-methode gebruikt, kondigde in 2015 zijn besluit aan om in 2018 of 2019 geleidelijk te migreren naar "proof of participation".

De Burstcoin gebruikt een bewijs van opslag, waarbij harde schijven "sporen" opslaan, waarvan de aanwezigheid wordt bewezen door ze te openen. Dit protocol onderscheidt zich door zijn lage stroomverbruik.

Governance

Het is belangrijk op te merken dat het begrip "*wet*" in de blockchain niet moet worden opgevat in de zin van wetgevende wetten, maar van een wet *die intern is aan het* proces van de blockchain, beheerd door het bestuur van deze blockchain. De gebruikelijke zinsnede "*Code is Wet*", die regelmatig wordt gebruikt als bestuursregel voor blockchains, verwijst derhalve niet naar nationale of internationale wetten, maar alleen naar de "bestuursregels" die zijn vastgesteld en van toepassing zijn op de blockchain. In dit geval zijn deze wetten vaak niet meer dan computercodes en algoritmen, zodat de ingevoerde regels door minderjarigen kunnen worden geverifieerd tijdens verificatiesessies van transacties. Elke transactie die de codes respecteert wordt aanvaard in de Blockchain, anders wordt de wijziging verworpen, zonder menselijke tussenkomst van het bestuur.

Er zijn verschillende vormen van governance mogelijk:

- Een 'open' modus. In dat geval is in de regel het recht dat door de partijen is aangewezen, het recht dat op de keten van toepassing is.
- Half gesloten' modus. Dit kan worden gebruikt voor de functies van staten of instellingen die beveiligde gegevens beheren. In dit geval zijn de regels vrijer, waarbij het centrale orgaan controle heeft over de technische aspecten van de validering van de Blockchain.
- een gesloten modus. In dit geval gaat het om de theoretische robuustheid en de traceerbaarheid van het proces, dat niet openbaar hoeft te zijn, maar wel deze zekerheid nodig heeft. Merk op dat het in dit geval kwetsbaar blijft voor een 51%-aanval, als gevolg van de niet-decentralisatie en niet-publicatie.

Open bestuur betekent niet dat er geen bestuur is. In het geval van Bitcoin, dat op 18 augustus 2018 goed is voor 50% van de totale waarde van de uitstaande cryptovaluta, wordt het bestuur verzorgd door de gemeenschap op een gedecentraliseerde manier. Decentralisatie is een belangrijke bijdrage van de blockchain en, bij ricochet, van de cryptocurrencies. Er is een wiki, IRC-discussieforums gewijd aan bestuur, technologie, enz., en zelfs een noodprotocol in geval van hacking of een bewezen bug. Wat beschikbaar is voor Bitcoin is natuurlijk niet noodzakelijk beschikbaar of toepasbaar voor andere cryptocurrencies, vooral de nieuwere en/of vertrouwelijkere.

Organisatie

Onderzoekers van managementwetenschappen bestuderen de rol van blokketens bij het ondersteunen van verschillende vormen van samenwerking. Blokketens kunnen zowel samenwerking als coördinatie bevorderen. Door de betrouwbaarheid, transparantie, traceerbaarheid van records en de onveranderlijkheid van informatie vergemakkelijken blokketens de samenwerking op een manier die verschilt van zowel het traditionele gebruik van contracten als van relationele normen. In tegenstelling tot contracten doen blokketens niet rechtstreeks een beroep op het rechtssysteem om overeenkomsten af te dwingen. Bovendien vereisen blokketens, in tegenstelling tot het gebruik van relationele normen, geen vertrouwen of directe relaties tussen samenwerkers.

Transacties

Transacties vertegenwoordigen uitwisselingen tussen gebruikers, die worden opgeslagen in de blokken van de blokketen.

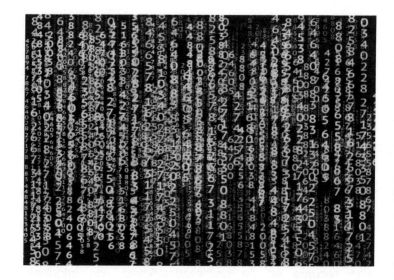

Blokken

De afzonderlijke geregistreerde transacties worden gegroepeerd in blokken. Nadat de recente transacties zijn geregistreerd, wordt een nieuw blok gegenereerd en worden alle transacties gevalideerd door de miners, die de volledige geschiedenis van de blokketen analyseren. Als het blok geldig is, wordt het van een tijdstempel voorzien en aan de blokketen toegevoegd. De transacties die het bevat zijn dan zichtbaar in het hele netwerk. Zodra een blok aan de keten is toegevoegd, kan het niet meer worden gewijzigd of verwijderd, wat de authenticiteit en veiligheid van het netwerk garandeert.

Elk blok in de keten bestaat uit de volgende elementen:

- verschillende transacties ;
- een controlesom, gebruikt als identificatiemiddel;
- de controlesom van het vorige blok ;
- een maatstaf voor de hoeveelheid werk die nodig was om het blok te produceren. Dit wordt bepaald

door de consensusmethode die in de keten wordt gebruikt, zoals "bewijs van werk" of "bewijs van deelname".

Toepassingen

De belangrijkste toepassing van deze technologie is die van de cryptocurrencies, zoals de Bitcoin, die echter lang niet de enige virtuele valuta is: er zijn vele andere, zoals de Ether, de Monero, en tientallen andere die min of meer vertrouwelijk zijn.

Afgezien van het monetaire aspect zou deze gedecentraliseerde informatieopslagtechnologie meerdere toepassingen kunnen hebben die veilige uitwisselingen vereisen zonder via een centraliserende instantie te passeren, of onvervalsbare traceerbaarheid, zoals :

- toepassingen op basis van intelligente contracten, die de uitwisseling van allerlei soorten goederen of diensten mogelijk maken ;
- manieren om betalings- en transactiekosten te verminderen. De internationale banken hebben in 2015 over deze onderwerpen mededelingen gedaan. Vijfentwintig van hen hebben bijvoorbeeld een partnerschap gesloten met een Amerikaans bedrijf R3 voor het gebruik van *blockchains* op de financiële markten. Citibank heeft ook aangekondigd haar eigen cryptomonnaise, de Citicoin, te willen uitgeven. Evenzo opende UBS Bank in april 2015 een eigen onderzoekslaboratorium in Londen, gewijd aan de studie van *blockchain-technologie* en de toepassingen ervan op financieel gebied. Via dit onderzoek en deze consortia hopen de banken een *op blockchain gebaseerde* technologie tot stand te brengen die een referentie zal worden binnen de

banksector. Het consortium of de bank die als eerste een beproefde technologie op de markt brengt, zal immers zijn eigen dienst kunnen doorrekenen aan andere financiële spelers;

- manieren om hun voorspellende systemen te verbeteren, bekend als "orakels", vooral voor verzekeringsmaatschappijen;
- de ontwikkeling van *peer-to-peer* verzekeringen;
- de traceerbaarheid van producten in de voedselketen.

Wat participatieve financiering betreft, heeft de blockchain de oprichting van ICO's mogelijk gemaakt, die een uiterst snelle fondsenwerving mogelijk maken.

De technologie wordt in Ghana ontwikkeld door de NGO Bitland om een virtueel kadaster te creëren. Een soortgelijk project is enige tijd in Honduras overwogen, maar was geen succes. Georgië heeft ook een kadaster-experiment met het blok aangekondigd in samenwerking met de Bitcoin-startup BitFury, net als Zweden met de startup ChromaWay.

De industriële groep General Electric heeft ervoor gekozen te investeren in een start-up genaamd Xage, die de blockchain gebruikt om digitale voetafdrukken van industriële machines te creëren en zo elke machine in een elektrisch netwerk te identificeren en te beveiligen.

Vanaf de eerste jaren waarschuwden deskundigen voor een mogelijk overmatig gebruik van blokketens. Zo presenteert het National Institute of Standards and Technology in 2018 een rapport waarin wordt aangegeven dat veel problemen het best kunnen worden opgelost met databases of eenvoudige e-mails.

Het blockchain-systeem wordt ook gebruikt om een informatieopslagsysteem te bieden dat de privacy bewaart en in handen van de "gebruiker" plaatst in plaats van in handen van een derde partij en om de censuur van gecentraliseerde systemen zoals Google / Youtube te omzeilen. Bijvoorbeeld de dappere browsers die mede zijn opgericht door Brendan Eich of dissenter, of het videoplatform Verasity.

Initiatieven over de hele wereld

In Europa

In mei 2016 heeft het Europees Parlement ingestemd met de oprichting van een werkgroep die toezicht moet houden op de *blokkade* en de cryptocurrency. Deze groep zal worden geleid door de Europese Commissie en heeft tot doel deze technologieën te volgen en wetgevende maatregelen aan te bevelen. Op [1] februari 2018 lanceert de Europese Commissie, met de steun van het Europees Parlement, het EU Blockchain Observatory Forum. Het heeft tot taak belangrijke ontwikkelingen op het gebied van de block chain-technologie onder de aandacht te brengen, Europese actoren in deze sector aan te moedigen en de Europese betrokkenheid bij diverse belanghebbenden die op dit gebied actief zijn, te helpen versterken.

In Duitsland

Op 28 juni 2017 hebben de Landesbank Baden-Württemberg en de autofabrikant Daimler AG aangekondigd dat zij voor het eerst blockchaintechnologie hebben gebruikt om een financiële transactie uit te voeren. Daimler lanceerde een Schuldschein van 100 miljoen euro in de loop van één jaar waarin vier spaarbanken als kredietverstrekkers optraden. De hele transactie werd uitgevoerd met behulp van *blockchain-technologie in samenwerking met de respectieve* IT-dochterondernemingen van de twee hoofdrolspelers.

In Spanje

De BBVA bank bestudeert het gebruik van *blockchain in het* geval van import/export tussen Amerika en Europa.

In Zwitserland

Het kanton Genève voert een proefproject uit voor de uitgifte van elektronische uittreksels uit het handelsregister met Ethereum en in de grondstoffenhandel in een publiek-private samenwerking. Ook de stad Zug voert een proefproject uit om een digitale identiteit voor haar bevolking te ontwikkelen.

In Nederland

Ontwikkeling van regionale samenwerkingsprojecten .

In Estland

De staat heeft een e-inwoner systeem gecreëerd met behulp van blockchain-technologie.

In Canada

In de Canadese provincie Quebec kondigde het accountantskantoor Raymond Chabot Grant Thornton in juli 2017 de lancering aan van catallaxy , een expertisecentrum op het gebied van blockchaintechnologie met deskundigen op dit gebied, Jonathan Hamel, Francis Pouliot en Vincent Gauthier. De naam Catallaxy is een verwijzing naar het belang van spontane orde en andere concepten van de Oostenrijkse School van Economie in Bitcoin.

In Azië

In Azië is in november 2016 een consortium gevormd bestaande uit de Monetary Authority of Singapore en acht andere banken voor een proefproject om een platform te ontwikkelen op basis van zo'n gedecentraliseerd digitaal transactieregister. Als eerste stap zullen banken virtuele valuta kunnen kopen onder toezicht van de SAM. Deze valuta kan dan worden gebruikt voor interbancaire betalingen of worden ingewisseld voor echte in plaats van virtuele valuta. In een tweede fase zullen ook transacties in vreemde valuta's worden verricht.

In Israël

In 2017 voerde het Israëlische bedrijf Zim een experiment uit met digitale vrachtbrieven met behulp van de blockchain.

Bitcoin

Bitcoin is een cryptomunt, ook bekend als cryptografische valuta. In het geval van de munteenheid wordt "Bitcoin" geschreven en in het geval van het peer-to-peer betalingssysteem wordt het "Bitcoin" geschreven. Het idee werd in november 2008 voor het eerst gepresenteerd door een persoon, of een groep personen, onder het pseudoniem Satoshi Nakamoto. De broncode voor de referentie-implementatie is in 2009 vrijgegeven.

De G20 beschouwt Bitcoin als "crypto-actief". De term "crypto-actief" verwijst dan naar "virtuele activa die zijn opgeslagen op een elektronisch medium dat een gemeenschap van gebruikers die deze activa als betaling aanvaarden, in staat stelt transacties uit te voeren zonder hun toevlucht te hoeven nemen tot een wettig betaalmiddel".

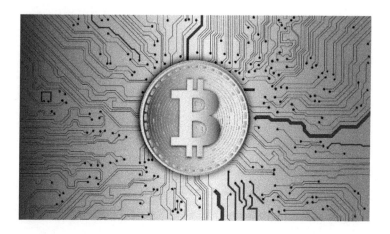

Presentatie

Operatie

Om Bitcoins te maken en te beheren, maakt Bitcoin gebruik van software. In deze software worden Bitcoins gemaakt volgens een protocol dat de agenten betaalt die transacties hebben verwerkt. Deze agenten gebruiken hun rekenkracht om transacties te verifiëren, te beveiligen en vast te leggen in een virtueel register, de zogeheten blockchain, een naam die afkomstig is van het feit dat de basiseenheid van Bitcoin een blok wordt genoemd, en dat de blokken vervolgens aan elkaar worden gekoppeld in een keten, de zogeheten blokketen.

Voor elk nieuw geaccepteerd blok wordt de *verificatie-veiligheids-registratie-activiteit*, *'mining'* genoemd, vergoed door nieuw gecreëerde bitcoins en door de kosten van de verwerkte transacties. Als valuta of goed kunnen Bitcoins worden ingewisseld tegen andere valuta of goederen, goederen of diensten. De wisselkoers voor cryptogeld wordt vastgesteld op gespecialiseerde marktplaatsen en schommelt volgens de wet van vraag en aanbod.

Het is mogelijk om Bitcoins online te kopen op gespecialiseerde platforms, fysieke terminals of in ruil voor een goed of dienst met iemand die er al een bezit. De platformen maken het ook mogelijk om in real time de evolutie van de koers van Bitcoin te volgen in verhouding tot andere munten of cryptocurrencies.

Eenheid van rekening

De rekeneenheid voor Bitcoin is *Bitcoin*. De uitgifte is beperkt tot 20.999.999.977 eenheden, elk deelbaar tot acht decimalen . Het officiële muntsymbool werd in 2015 bij Unicode gedeponeerd en aanvaard·. De overeenkomstige acroniemen, gebruikt door de uitwisselingsplatformen, zijn BTC en XBT. Tot de onofficiële symbolen die worden gebruikt, behoren ฿ en Ƀ.

Decentralisatie

Het systeem werkt zonder een centrale autoriteit of één enkele beheerder. Het wordt op gedecentraliseerde wijze beheerd door consensus van alle knooppunten in het netwerk. Bitcoin is de grootste gedecentraliseerde cryptovaluta, met een kapitalisatie van 545 miljard dollar op [1] januari 2021 .

Wijze van betaling

Als betaalmiddel wordt Bitcoin geaccepteerd door een groeiend aantal handelaren, aangemoedigd door transactiekosten die over het algemeen lager zijn dan de 2-3% die creditcardorganisaties in rekening brengen en onafhankelijk van het bedrag van de financiële transactie. In 2017 stegen de vergoedingen echter in een paar maanden tijd aanzienlijk, van 0,2 dollar in 2016 tot 20 dollar op bepaalde dagen in december 2017, zodat het Steam-platform of Microsoft Bitcoin als betaalmiddel terugtrok, juist vanwege de buitensporig hoge transactiekosten . Om het probleem van de buitensporig hoge transactiekosten op te lossen, konden dankzij de geleidelijke invoering van verschillende technologische verbeteringen in 2018 en 2019 de kosten dalen tot ongeveer 0,05 dollar voor niet-urgente transacties, en zelfs tot bedragen onder 0,0001 dollar voor Lightning-type transacties. Anders dan bij creditcards worden eventuele kosten niet in rekening gebracht aan de verkoper, maar aan de koper, die ervoor kiest deze vrijwillig te betalen. Een Bitcoin-transactie is onherroepelijk en kan niet worden geannuleerd. Ondanks een groei van 500% in het aantal handelaren dat Bitcoin accepteert in 2014, is cryptografie nog niet goed ingeburgerd in de detailhandel, maar blijft het voet aan de grond krijgen in de handel.

Gebruik

Tussen januari 2009 en maart 2010 was het gebruik van Bitcoin een hobby onder crypto-enthousiastelingen, en Bitcoin had geen echte waarde. In april 2010 begon Bitcoin echter op een beurs te verhandelen voor 0,003 USD, en kort daarna, in mei 2010, had het al een waarde van 0,01 USD, en een paar maanden later, in juli 2010, kwam daar weer 0,08 USD bij. Dit zijn weliswaar zeer lage prijzen en het daadwerkelijke gebruik als betaalmiddel was zeer gering, maar weerspiegelt de snelle prijsstijging van deze cryptomunt met nulwaarde tot 10 cent.

Vanaf de oprichting in 2009 tot de sluiting van Silk Road door de Amerikaanse autoriteiten in 2013, werd Bitcoin voornamelijk gebruikt als ruilmiddel door criminele netwerken voor gokken, de aankoop van illegale stoffen, of voor illegale databases. Cryptografie heeft de aandacht getrokken van financiële autoriteiten, wetgevende instanties in verschillende landen, met name in de Verenigde Staten, en de media.

Niettemin is cryptogeld de laatste jaren tot wasdom gekomen en in een groeiend aantal studies wordt geconcludeerd dat deze illegale activiteiten, hoewel zij nog steeds bestaan zoals in elk betalingssysteem, thans nog slechts een minderheidsaandeel van de uitwisselingen van cryptogeld vertegenwoordigen. De Amerikaanse Senaat erkent ook dat Bitcoin volkomen legitieme financiële diensten kan leveren.

Veilige investering

Volgens sommige deskundigen is Bitcoin meer een veilige haven dan een betaalmiddel, hoewel Bitcoin, in tegenstelling tot goud, wel degelijk voor beide doeleinden kan worden gebruikt. Omgekeerd vinden andere financiële deskundigen Bitcoin veel te volatiel om een veilige haven te zijn, maar de munt bestaat pas sinds 2009 en zijn mogelijke status als veilige haven zal pas mogelijk zijn na een eerste periode van intense volatiliteit. Of Bitcoin de marktwaarde van goud kan bereiken is nog steeds een veelbesproken onderwerp, vandaar de volatiliteit van Bitcoin.

Sinds maart 2020 is de waarde van Bitcoin alleen maar gestegen, het neigt naar zijn hoogste historische niveau. Op 7 januari 2021 overschreed de waarde voor het eerst de 40.000 dollar.

Geschiedenis

Schepping

Bitcoin is een verbetering van het concept van *b-geld,* bedacht door Wei Dai in 1999, en *bitgold*, beschreven in 2005 door Nick Szabo. Bitcoin lost met name het cruciale probleem van het vertrouwensmodel op: als serieus beschouwde servers stemmen met hun rekenkracht om de legitieme transactieketen te bepalen. In b-money werden servers verondersteld een borg te betalen volgens een mechanisme dat niet erg expliciet is. Het idee om een computationele bewijsketen te gebruiken werd geopperd in het bitgold-project, hoewel Nick Szabo voorstelde om slechts een meerderheid van adressen te gebruiken om de legitimiteit van een transactieketen vast te stellen, waarbij hij het probleem van het controleren van het aantal adressen open liet.

Satoshi Nakamoto zei dat hij van 2007 tot 2009 aan Bitcoin werkte. Reeds in 2008 publiceerde hij op een mailinglijst een artikel over de digitale munteenheid Bitcoin. In februari 2009 plaatste hij een aankondiging over zijn werk op de website van de P2P-stichting. Op 3 januari 2009 wordt het eerste blok of *genesisblok* gecreëerd. In februari 2009 brengt hij de eerste versie van de Bitcoin-software uit op de website van de P2P Foundation en om het netwerk te laten werken, genereert hij met zijn computer de eerste Bitcoins. Samen met andere ontwikkelaars gaat Nakamoto door met de implementatie van de software en de *Bitcoin-Qt-versie* ervan tot 2010.

Ontwikkelaars en de Bitcoin-gemeenschap verliezen hem halverwege 2010 geleidelijk uit het oog. Op 12 december 2010 wordt een laatste bericht door Nakamoto op het hoofdforum geplaatst. Kort voor zijn dood benoemde Nakamoto Gavin Andresen tot zijn opvolger en gaf hem toegang tot het Bitcoin SourceForge-project en een kopie van de alarmsleutel. De waarschuwingssleutel is een unieke cryptografische privé-sleutel die gebruikt kan worden om de gevolgen van een mogelijke aanval op het Bitcoinsysteem te beperken, zoals het ontdekken van een cryptografische fout waardoor transacties *achteraf* veranderd kunnen worden, of het in handen krijgen van meer dan 51% van de knooppunten in het netwerk. De exploitanten van de netwerkknooppunten kunnen hun gebruikers waarschuwen of de registratie van alle transacties tijdens een waarschuwing stopzetten.

Op 27 september 2012 wordt de Bitcoin Foundation opgericht. Belangrijke figuren uit de wereld van de nieuwe technologieën steunden het project al zeer snel, zoals Wences Casares.

Satoshi Nakamoto's identiteit

Verschillende mensen beweerden *Satoshi Nakamoto* te zijn, maar geen van hen kon het bewijzen. Er zijn geen gegevens over zijn identiteit vóór de oprichting van Bitcoin. Op zijn profiel beweerde Satoshi een 40-jarige Japanse man te zijn.

In maart 2014 maakte journaliste Leah McGrath Goodman van het tijdschrift *Newsweek* bekend dat zij de uitvinder van Bitcoin had opgespoord als een 64-jarige Japans-Amerikaan wiens geboortenaam "Satoshi Nakamoto" is, hoewel hij op 23-jarige leeftijd zijn naam veranderde in

"Dorian Prentice Satoshi Nakamoto". Aangenomen wordt dat hij een gepensioneerd natuurkundige is die in Californië woont. Deze stelling werd een maand later methodisch ontmanteld door taalkundigen van de Aston Universiteit in Engeland, die een diepgaande studie uitvoerden van de linguïstische overeenkomsten tussen de geschreven producties van de auteur van het Bitcoin Witboek en verschillende verdachte persoonlijkheden, waaronder Dorian Nakamoto.

Satoshi's manier van schrijven op de forums en in de whitepaper doet vermoeden dat hij Brits zou zijn.

In 2016 beweert Craig Steven Wright, een Australische ondernemer, Satoshi Nakamoto te zijn. Er blijven echter sterke twijfels bestaan aangezien hij zelf op 5 mei 2016 in een raadselachtige post op zijn persoonlijke blog verklaarde dat hij de bewijzen die bevestigen dat hij inderdaad de bedenker van Bitcoin is, niet zou vrijgeven.

Aanvaarding

Op 16 november 2012 zal WordPress Bitcoins accepteren voor haar betaalde diensten.

Op 28 november 2012 zullen de lonen van de mijnwerkers voor het eerst worden verlaagd, van 50 naar 25 BTC. De Bitcoin-broncode voorziet in een halvering van de vergoeding, de zogeheten halvering, om de tweehonderdtienduizend gemijnde blokken, ongeveer om de vier jaar.

Op 14 februari 2013 zal de Reddit-gemeenschapswebsite een systeem opzetten om "Reddit Gold" te kopen met bitcoins.

Op 16 februari 2013 zal de online opslagsite Mega, opvolger van Megaupload, betalingen in bitcoin aanvaarden.

Op 14 oktober 2013 zal de gigant Baidu Bitcoin-transacties accepteren voor zijn Jiasule firewalldienst.

Op 21 november 2013 kondigde de universiteit van Nicosia aan dat zij Bitcoin zal aanvaarden en een master in economie zal openen die gespecialiseed is in digitale valuta.

Op 22 november 2013 kondigde Richard Branson aan dat Virgin Galactic voortaan Bitcoin zal aanvaarden als betaalmiddel voor zijn ruimtetoerismevluchten.

Op 29 november 2013 zal Jiangsu Telecom, een dochteronderneming van China Telecom, voortaan Bitcoins aanvaarden.

Op 25 maart 2014 zal de Amerikaanse belastingdienst verklaren dat Bitcoin niet als een valuta moet worden beschouwd, maar als een goed, waarvan de transacties onderworpen zijn aan vermogenswinstbelasting. Dit betekent dat voor de berekening van de gerealiseerde vermogenswinst rekening moet worden gehouden met de wisselkoers waartegen een Bitcoin wordt verkregen en de wisselkoers waartegen hij wordt gebruikt, hetgeen het legale gebruik van Bitcoin in de Verenigde Staten bijzonder moeilijk maakt.

Op 9 mei 2014 stemde de Amerikaanse verkiezingscommissie ermee in dat verkiezingscampagnes in Bitcoin zullen worden gefinancierd tot een limiet van 100 dollar per verkiezingscyclus.

Op 23 september 2014 zal Paypal geselecteerde digitale handelaren in Noord-Amerika, geselecteerd door partners van Bitcoin-betalingsverwerkers, toestaan om Bitcoin-betalingen te aanvaarden, en stelt zich dus heel geleidelijk open voor Bitcoin.

Op 16 oktober 2017 waren er wereldwijd 1.686 distributeurs.

In november 2018 kondigde de regering van Ohio aan dat het belastingbetalingen in Bitcoins zou accepteren.

In januari 2020 blijkt uit een onderzoek van investing.com dat 9% van de financieel adviseurs al een deel van de fondsen van hun cliënten in Bitcoin belegt om hen te beschermen tegen valutaturbulentie.

Opmerkelijke incidenten

Op 15 augustus 2010 wordt een blok gegenereerd met een transactie waarbij 184.467.440.737 bitcoins worden gecreëerd voor drie verschillende adressen. Deze tekortkoming heeft te maken met het feit dat de code niet voorzag in het geval dat zulke grote hoeveelheden bitcoins zouden worden aangemaakt. Dit probleem is automatisch opgelost door de bitcoin blockchain en deze bitcoins bestaan niet meer.

Op 12 maart 2013 doet zich een incident voor met betrekking tot de niet-retrocompatibiliteit van versie 0.8.0: de keten splitst zich op in verschillende versies en sommige blijven gedurende enkele uren geblokkeerd.

Op 11 april 2013 stortte de waarde van de bitcoin in van 266 dollar naar 105 dollar, om zich vervolgens in minder dan zes uur te stabiliseren op 160 dollar. Op 13 april bereikt de prijs €66. De prijs was in minder dan vijf weken acht keer zo hoog geworden.

Op 2 oktober 2013 wordt Ross Ulbricht gearresteerd. Hij is de vermeende oprichter van Silk Road, dat door de FBI is gesloten en dat alleen Bitcoin gebruikte voor al zijn transacties.

Op 11 februari 2014 is het Bitcoin-netwerk het slachtoffer geworden van een massale en gecoördineerde aanval op tal van uitwisselingsplatforms.

Op 24 februari 2014 leed het handelsplatform Mt. Gox een recordverlies van 744.408 BTC, wat overeenkomt met meer dan 250 miljoen euro. De website is tijdelijk gesloten. Er is een document over crisisbeheersing opgesteld, dat voor het publiek beschikbaar is. Volgens sommige gespecialiseerde media wordt de toekomst van Bitcoin bedreigd. Op de andere platforms blijft de wisselkoers stabiel. Bitcoin verloor meer dan 38% van zijn waarde in het eerste kwartaal van 2014.

Op 11 september 2015 wordt Mark Karpelès, baas van het Mt. Gox platform, in Japan aangeklaagd wegens verduistering. Hij wordt ervan verdacht 2,3 miljoen euro te hebben verduisterd van bitcoinstortingen. De verdachte ontkent deze beschuldigingen ronduit.

In mei 2016 wordt de Gatecoin-uitwisselingssite gehackt en worden 250 bitcoins en 185.000 ether gestolen. De hacker slaagde erin de online opslaglimieten van de activa van het uitwisselingsplatform te omzeilen: hoewel slechts 5% van de depots niet gekoeld is opgeslagen, slaagde de hacker erin deze depots leeg te maken terwijl hij het adres bleef bevoorraden door activa over te brengen van de gekoelde opslagfaciliteiten van het uitwisselingsplatform.

Op 3 augustus 2016 meldt de uitwisselingssite Bitfinex een diefstal van 119.756 Bitcoins op haar uitwisselingsplatform, oftewel 65 miljoen dollar tijdens de cryptomarkt van juli 2016.

Op 7 mei 2019 hebben hackers meer dan 7.000 Bitcoins gestolen van de Binance Cryptocurrency Exchange, met een waarde van meer dan 40 miljoen dollar. Binance CEO Zhao Changpeng zei: "De hackers gebruikten een verscheidenheid aan technieken, waaronder phishing, virussen en andere aanvallen.... De hackers hadden het geduld om te wachten en op het meest geschikte moment goed georkestreerde acties uit te voeren via verschillende schijnbaar onafhankelijke accounts." .

Alle incidenten in verband met handelsplatforms treffen alleen personen die niet zelf de private sleutels van hun Bitcoin-portefeuille bezitten. *Niet je sleutels niet je bitcoins*

Trojaans paard

De zogenaamde Trojaanse paard-techniek maakt het mogelijk het adres van de ontvanger van het cryptogeld te wijzigen. CryptoShuffler is een van de softwares die deze techniek gebruikt. Deze techniek, die zelden voorkomt, heeft weinig effect omdat het volstaat dat de verzender van de betaling de eerste/laatste lettertekens van het bestemmingsadres visueel controleert om er zeker van te zijn dat hij niet wordt bedrogen.

Ontwikkeling van de wisselkoers ten opzichte van de dollar en de euro

Toen het in februari 2009 werd gecreëerd, werd cryptomunt aanvankelijk alleen uitgewisseld als experiment door een paar zeldzame gebruikers en was de waarde ervan nihil. Op 12 oktober 2009 vond de eerste bekende verkoop van Bitcoin plaats, waarbij twee gebruikers 5.050 Bitcoins ruilden voor 5,02 USD via een overschrijving van Paypal, wat overeenkomt met een prijs van ongeveer 0,001 USD per Bitcoin.

In maart 2010 opende *Bitcoinmarket.com als* eerste Bitcoin-handelsplatform, dat een continue notering van de Bitcoin-prijs mogelijk maakte.

Op 9 februari 2011 bereikt Bitcoin pariteit met de dollar. Op 29 november 2013 overtrof de waarde van een bitcoin die van een ounce goud, op bijna 1.250 dollar.

Bitcoin, die voornamelijk wordt ingewisseld tegen yuan en dollar, kan op een tiental platforms ook worden ingewisseld tegen euro. Tot november 2013, Mt. Gox was het belangrijkste van deze platforms in termen van handelsvolume en het was gebruikelijk om zijn prijs als representatief voor de markt te beschouwen. Na de problemen die het ondervond, keerden gebruikers zich ervan af, wat leidde tot een scherpe daling van de prijs van bitcoin op Mt. Gox, met prijzen op de andere platforms slechts marginaal beïnvloed.

2013

De prijs steeg met 400% tussen januari en maart 2013, alvorens sterk te corrigeren op 10 april, na een storing op de Mt. Gox exchange site en waarschijnlijke paniekverkopen. De prijs daalde vervolgens weer tot het niveau van de vorige maand van ongeveer 50 USD. Tussen 4 en 5 december 2013, na een waarschuwing van de People's Bank of China en de Banque de France, verloor de koers bijna 35% in 24 uur.

2014

Op 19 februari 2014 stort de koers in na de aankondiging van de verdwijning van bitcoins op Mt. Gox. Op dit handelsplatform daalde de Bitcoin op 18 februari van 185 euro naar 73 euro 24 uur later, terwijl hij op de andere platforms dicht bij de 400 euro bleef. Mt.Gox verklaart zich failliet op 28 februari 2014. Op [1] mei 2014 bood een groep investeerders, Sunlot Holdings genaamd, aan om de site te kopen voor een symbolische bitcoin.

2016

In 2016, na de aankondiging van Brexit op 24 juni, schoot de waarde van Bitcoin omhoog met een winst van meer dan 9%, terwijl alle financiële markten minder dan een week kelderden.

2017

Op 2 maart 2017 overtrof de bitcoin opnieuw de waarde van een ounce goud en bereikte bijna $ 1.300. De prijs daalde medio maart 2017 en bereikte minder dan USD 1.000 op 18 maart 2017.

Bitcoin ziet zijn waarde in de loop van april 2017 geleidelijk stijgen en komt uiteindelijk eind april boven de 1.300 dollar uit. De waarde stijgt sterk in mei: op 4 mei 2017 overschrijdt zij voor het eerst de 1.500 USD, op 20 mei bereikt zij de 2.000 USD en op 25 mei 2017 bereikt zij een historisch hoogtepunt van 2.465 USD, na een piek van bijna 2.900 USD. Deze sterke waardestijging zou het gevolg zijn van de toegenomen vraag naar bitcoin in Japan.

Op 14 augustus 2017 overschrijdt de prijs van Bitcoin de grens van 4.000 dollar.

Op 12 oktober 2017 brak de koers voor het eerst door de symbolische grens van 5.000 USD. Daarna gaat het los, want elf dagen later, op 23 oktober, overschrijdt het de grens van 6.000 dollar. Elf dagen later, op 3 november, wordt de grens van 7.000 dollar overschreden. Zestien dagen later, op 19 november, bereikte het $8.000. Een week later, op 26 november, stijgt de Bitcoin naar 9.000 dollar, en vervolgens naar 10.000 dollar op 30 november. Op deze datum is de waarde in anderhalve maand verdubbeld.

De progressie is nog meer geaccentueerd met de overschrijding van 11.000 USD op 2 december 2017. De 12.000 en 13.000 USD worden beide doorbroken op 5 december en de 14.000, 15.000 en 16.000 USD worden de volgende dag, 6 december, doorbroken, voor een stijging van 5.000 USD en meer dan 40% in twee dagen. De 17.000 dollar is op 7 december doorbroken. De USD 18.000 wordt doorbroken op 15 december en de USD 19.000 de volgende dag. De prijs daalt vervolgens drastisch en op vrijdag 22 december wordt Bitcoin gewaardeerd op USD 14.400 of EUR 11.800. Hij zakt terug onder de 13.000 USD aan het eind van het jaar.

Ontwerp

Economische school

De theoretische wortels van Bitcoin liggen in de Oostenrijkse School van Economie en haar kritiek op het huidige monetaire systeem en de interventies van regeringen en andere instanties, die volgens deze school de conjunctuurcycli en de massale inflatie verergeren.

Een van de onderwerpen waarop de Oostenrijkse School van Economie, geleid door Eugen von Böhm-Bawerk, Ludwig von Mises en Friedrich A. Hayek, zich heeft geconcentreerd is de conjunctuurcyclus: volgens de Oostenrijkse theorie zijn conjunctuurcycli het onvermijdelijke gevolg van interventies op de monetaire markt, waarbij een buitensporige expansie van bankkrediet leidt tot een toename van het uitstaande bedrag aan bankkrediet in een fractioneel reservesysteem, hetgeen op zijn beurt leidt tot kunstmatig lage rentetarieven.

In deze situatie beginnen ondernemers, geleid door vertekende rentesignalen, aan overambitieuze investeringsprojecten die niet overeenstemmen met de intertemporele consumptievoorkeuren van de consumenten op dat moment . Vroeg of laat kan deze algemene onevenwichtigheid niet langer worden volgehouden en leidt zij tot een recessie, tijdens welke de ondernemingen mislukte investeringsprojecten moeten liquideren en hun produktiestructuren moeten aanpassen aan de intertemporele voorkeuren van de consumenten. Bijgevolg roepen vele economen van Oostenrijkse scholen op om dit proces te verlaten door het fractioneel reserve banksysteem af te schaffen en terug te keren naar een munteenheid gebaseerd op de goudstandaard, die door geen enkele autoriteit gemakkelijk kan worden gemanipuleerd.

Een verwant gebied waarop Oostenrijkse economen zeer actief zijn geweest is de monetaire theorie. Friedrich A. Hayek is een van de bekendste namen op dit gebied. Hij schreef enkele zeer invloedrijke publicaties, zoals *Denationalization of Money* , waarin hij stelt dat regeringen niet het monopolie mogen hebben op de uitgifte van geld. In plaats daarvan stelt hij voor om particuliere banken toe te staan niet-rentedragende certificaten uit te geven, op basis van hun eigen handelsmerken. Deze certificaten moeten openstaan voor concurrentie en zouden tegen variabele wisselkoersen worden verhandeld. Elke munt die een stabiele koopkracht kan garanderen, zou andere, minder stabiele munten van de markt verdringen. Het resultaat van dit proces van concurrentie en winstmaximalisatie zou een zeer efficiënt monetair systeem zijn waarin alleen stabiele valuta's naast elkaar zouden bestaan.

De volgende ideeën worden algemeen gedeeld door Bitcoin-aanhangers:

- zij zien Bitcoin als een goed uitgangspunt om een einde te maken aan het monopolie van centrale banken op de uitgifte van geld;
- zij hebben scherpe kritiek op het huidige stelsel van "fractional reserve banking", dat de banken in staat stelt hun kredietverlening uit te breiden tot boven hun werkelijke reserves en tegelijkertijd de deposanten in staat stelt hun tegoeden op elk moment van hun lopende rekeningen af te halen ;

- het patroon is geïnspireerd op de oude goudstandaard.

Specifiek Bitcoin

Er moet een duidelijk onderscheid worden gemaakt tussen Bitcoin, de cryptovaluta, en Bitcoin, het betalingssysteem in deze valuta. In deze twee opzichten verschilt Bitcoin op de volgende punten van reeds bestaande systemen:

- In tegenstelling tot andere monetaire munten is Bitcoin niet de belichaming van het gezag van een staat, bank of bedrijf. De waarde van Bitcoin wordt volledig zwevend bepaald door het economisch gebruik dat ervan wordt gemaakt en door de valutamarkt. De regels voor de uitgifte van geld worden uitsluitend bepaald door de vrije computercode van de Bitcoin-software;
- Als betalingssysteem onderscheidt Bitcoin zich door het feit dat voor de werking ervan geen gebruik hoeft te worden gemaakt van een gecentraliseerde infrastructuur die rekeningen bijhoudt van de bedragen die worden aangehouden om transacties te garanderen. De rol van garantie en verificatie bestaat, maar wordt ongeveer om de tien minuten toegewezen aan een computer op het netwerk die willekeurig wordt geselecteerd op basis van zijn vermogen ;
- Bitcoin is gebaseerd op een cryptografisch protocol, dat met name tot doel heeft enerzijds het probleem van de zogenaamde *dubbele betaling op* te lossen, dat tot dan toe de opkomst van dit type munt had verhinderd, en anderzijds de vervalsing te verbieden van de identiteit van de betrokken partijen en van de waarde van de voorraad Bitcoins die zich in elektronische portemonnees bevinden die door middel van een bepaald adres worden geïdentificeerd.

Monetair beginsel

Vanuit monetair oogpunt verschilt de Bitcoin van andere munten door het belangrijke feit dat het monetaire aggregaat niet is ontworpen om zich aan te passen aan de productie van rijkdom.

Het totale bedrag en de uitgiftesnelheid van de eenheden worden expliciet in de computercode van de software vastgelegd, volgens een wiskundige regel van het type geometrische reeks.

Bitcoins worden langzaam en gestaag uitgestoten, op een degressieve manier, tot ze rond het jaar 2140 een maximum van 21 miljoen hebben bereikt.

Alle fiduciaire valuta's kennen een lage tot hoge inflatie, afhankelijk van het beleid van hun centrale bank. Omgekeerd zal de Bitcoin-munt waarschijnlijk uiteindelijk deflatie ondervinden, aangezien het maximumaantal Bitcoins dat kan worden gecreëerd, van tevoren in de software is vastgesteld op 21 miljoen. Bovendien zullen Bitcoins die gebruikers verliezen nooit worden vervangen. Daarom wordt het Bitcoin-project door de gemeenschap van zijn scheppers gezien als een origineel experiment op economisch gebied, een soort test van de monetaire stellingen van de Oostenrijkse School voor Economie. Friedrich Hayek, Nobelprijswinnaar voor de economie, had in 1976 in zijn boek *For True Currency Competition opgeroepen tot het* herstel van de monetaire vrije wil. Het succes of falen van Bitcoin is moeilijk te voorspellen.

Schaalbaarheid van het protocol

Een limiet van 1 MB per blok om kwaadwillige aanvallen te voorkomen

Op 14 juli 2010, kort na de lancering van het Bitcoin-systeem, creëerde Satoshi Nakamoto een limiet van 1 MB voor elk nieuw aangemaakt blok om de tien minuten op de Bitcoin-blokketen.

In die tijd waren transacties gratis omdat ze gering in aantal waren, en ontwikkelaars hadden de legitieme zorg dat aanvallers het transactienetwerk konden "spammen", willekeurig enorme blokken konden creëren en de omvang van de blokketen permanent konden opblazen. Deze beperking was bedoeld om dit soort aanvallen te voorkomen totdat een betere oplossing zou kunnen worden ingevoerd. Satoshi Nakamoto had een oplossing voorgesteld waarbij de blokgrootte bij bepaalde blokhoogtes zou worden vergroot, waardoor de limiet in feite met een vooraf bepaalde snelheid zou worden verhoogd, vergelijkbaar met de manier waarop nieuwe bitcoins worden uitgegeven.

De schaalbaarheid van het Bitcoinsysteem is sinds de invoering van deze limiet voor de blokgrootte een constante bron van discussie in de gemeenschap. De limiet van 1 MB, die oorspronkelijk was bedoeld om het aantal transacties per seconde tot zeven te beperken, was geen probleem op een moment dat het werkelijke aantal transacties per seconde slechts 2,3 bedroeg. Zeven transacties per seconde was dus drie keer het volume van de drukste dag van Bitcoin op dat moment, waardoor ontwikkelaars jaren nodig hadden om een betere oplossing te vinden. Bovendien werd in het protocol gepleit voor de invoering van transactiekosten na verloop van tijd, waardoor dergelijke aanvallen duurder en inefficiënter zouden worden.

Verzadiging van de integratiecapaciteit voor transacties

Vanaf 2014 leidt het succes van het Bitcoin-systeem tot een voortdurende toename van het aantal transacties, dat uiteindelijk in 2016 de grens van 1 MB bereikt. Eén ontwikkelaar, Gavin Andresen, stelde aanvankelijk 20 MBblokken voor, maar deze verhoging werd door de gemeenschap te agressief bevonden. Een ander voorstel, BIP101, stelde voor om de blokgrootte vanaf 8 MB met 40% per jaar te vergroten, wat leidde tot de creatie van een nieuwe cryptovaluta, verschillend van Bitcoin, genaamd Bitcoin XT. Er werden andere voorstellen gedaan, zoals BIP100 met een blokgrootte van 2 MB, dat leidde tot de cryptovaluta Bitcoin Classic, en agressievere "opkomende consensus"-benaderingen waarbij gebruikers via Bitcoin Unlimited kunnen "stemmen" over de beste blokgrootte op een bepaald moment. Andere leden van de gemeenschap hebben er de voorkeur aan gegeven niet aan te sturen op een vergroting van de blokgrootte, maar het protocol zelf zodanig te wijzigen dat meer transacties in een blok kunnen worden opgenomen door de blokgrootte te verkleinen of de frequentie waarmee nieuwe blokken worden gecreëerd op te voeren.

Toen het aantal transacties uiteindelijk de limiet van de blokgrootte bereikte, raakte de pool van transacties in afwachting van validatie verzadigd. De enige manier om een bepaalde transactie voor een gebruiker sneller in de blokketen te krijgen, was het verhogen van de transactiekosten, die eind 2016 opliepen tot bijna 5 USD. Dit maakte Bitcoin onconcurrerend met bestaande diensten zoals Western Union of Paypal op basis van strikte snelheid en kosten.

Compromis van de Overeenkomst van New York

Het vastlopen van het debat over schaalbaarheid verzwakt het Bitcoin Core-systeem en leidt tot het groeiende succes van de stemming ten gunste van de Bitcoin Unlimited-beweging, vooral onder mijnwerkers, grotendeels uit frustratie over het gebrek aan schaalbaarheidsoplossingen. De aanpak van het ontwikkelingsteam, bekend onder de naam *segwit* , *om* de limiet voor de blokgrootte niet te verhogen, maar de digitale handtekeningen van transacties anders op te delen in "uitbreidingsblokken", slaagde er niet in voldoende consensus te bereiken.

In 2017 wordt een compromis bereikt in een industrieconsensus genaamd Segwit2x die het *segregated witness-voorstel* combineert met een verhoging van de blokgrootte tot 2 MB. Dit voorstel wordt op [1] augustus 2017 geïmplementeerd voor *segregated witness* en de toename van de blokgrootte gaat in november 2017 in bij blok 494.784 en is een grote upgrade van het Bitcoin Core-systeem.

Niettemin is het debat over schaalbaarheid nog steeds levendig en een splintergroep heeft op [1] augustus 2017 eenzijdig de blokgrootte vergroot tot 8 MB, terwijl het *Segwit-voorstel werd* verworpen. Deze beslissing leidde tot het ontstaan van een nieuwe cryptocurrency, genaamd Bitcoin Cash. De kans dat een andere groep in november 2017 besluit om *segregated witness* te implementeren zonder de blokgrootte te vergroten, kan leiden tot het ontstaan van een andere cryptocurrency, parallel aan Bitcoin Cash en Bitcoin Core, waarvan de blokken na de update van het Bitcoin Core-protocol zouden worden geweigerd.

Bitcoin XT , Bitcoin Unlimited , Bitcoin Classic , Bitcoin Cash en Bitcoin Gold zijn coderingsalternatieven voor Bitcoin .

Verdeling van rijkdom

Bitcoins zijn geconcentreerd: de "rijkdom" is zo verdeeld dat 2.100 adressen 40,2% van het totaal in handen hebben. Dit soort informatie is echter niet erg nuttig omdat sommige van deze adressen dood zijn.

Operatie

Principe

Bitcoin bestaat niet los van het Bitcoin-betalingssysteem, waarmee transacties kunnen worden verricht van de ene rekening naar de andere, dankzij software die *wallets wordt genoemd, waarbij de* autoriteit wordt gewaarborgd door verificatiesoftware die *minors wordt* genoemd. De gegevens van alle transacties vormen een privaatrechtelijk openbaar register dat vanwege zijn structuur een *keten van blokken wordt* genoemd, en een agent gebruikt Bitcoins door in de keten van blokken van het Bitcoinsysteem zijn transacties vast te leggen, waarbij deze vastlegging verwijst naar eerdere transacties.

Het Bitcoin-systeem is computergebaseerd, met andere woorden, het Bitcoin-systeem bevindt zich op het internet. Door de juiste software te downloaden en te installeren, kunt u een Bitcoin-gebruiker worden door interactie met hardware van uw keuze, zoals een smartphone of computer. Om in Bitcoin te betalen of betaald te worden, moet de gebruiker inloggen op het systeem, dat verbinding biedt met twee functies: het creëren van een willekeurig aantal rekeningen enerzijds, en het gemak van het uitvoeren van transacties bestaande uit de overdracht van Bitcoin van de eigen rekening naar de rekening van een derde partij anderzijds.

De essentiële functie van het Bitcoin-systeem is dat transacties worden onderworpen aan een geldigheidscontrole door de bevoegde computers en onherroepelijk worden geregistreerd in een openbaar register. Dit openbare register of keten van blokken kan overal worden geraadpleegd, op voorwaarde dat men een verbinding met Bitcoin heeft, en door iedereen. Tijdens de consultatie zijn geen wijzigingen mogelijk. Een Bitcoin-transactie wordt in twee stappen uitgevoerd:

1. Eerst creëren specifieke netwerkknooppunten een nieuw blok door recent afgeronde transacties te groeperen en er een header aan toe te voegen met de datum en tijd, een controlesom die ook zal dienen als de unieke identificator van het blok, en de identificator van het vorige blok;
2. In een tweede stap voegt elke minderjarige, na de geldigheid van alle transacties in het nieuwe blok en hun consistentie met reeds geregistreerde transacties te hebben gecontroleerd, het blok toe aan zijn of haar lokale versie van het register .

Van het openbaar register wordt een afschrift in meerdere exemplaren gemaakt. De volledige geschiedenis van alle transacties kan dan worden gelezen door alle knooppunten in het netwerk te raadplegen die een kopie van de blokketen beheren. De herkopie kan eventuele verschillen tussen bestanden aan het licht brengen in geval van onenigheid. In dat geval moeten eventuele verschillen tussen deze kopieën door de toegangssoftware worden opgelost.

Dit zijn enkele van de kenmerken van Bitcoin:

- de *functies* ervan worden uitgevoerd door software die in de vorm van vrije software ter beschikking wordt gesteld;
- de gebruiker *kiest* zijn rol in het systeem, evenals de software die hij gebruikt;
- *de vertrouwde autoriteit van het systeem is niet centraal*, maar verdeeld over de computers die bevoegd zijn voor de opbouw en het onderhoud van de blokketen.

Transacties

Transacties bestaan uit het debiteren van sommige rekeningen en het crediteren van andere.

Zij bestaan uit ingangen en uitgangen. Elke output omvat een bedrag en de openbare sleutel van het gecrediteerde adres, of meer in het algemeen een programma dat u in staat stelt de overdracht van het bedrag van deze output naar een andere transactie al dan niet te autoriseren. Elke input wijst een output van een vorige transactie aan en bevat een programma dat de door het script verwachte gegevens in die output verstrekt. De som van de outputwaarden moet kleiner zijn dan of gelijk zijn aan de som van de inputwaarden, waarbij het verschil de vergoeding van de minderjarige is.

Bij het valideren van een transactie worden de scripts voor elke invoer uitgevoerd; eerst het script voor de invoer zelf, dan het script voor de vorige uitvoer waarnaar de invoer verwijst. De transactie is alleen gevalideerd als het resultaat voor alle ingangen "waar" is.

Deze scripts zijn geschreven in een interne taal ontworpen door Nakamoto. Deze taal is opzettelijk minimalistisch en niet Turing-compleet om te voorkomen dat het systeem in oneindige lussen terechtkomt. Het gebruik van scripts moet de software in staat stellen zich gemakkelijk aan te passen aan toekomstige ontwikkelingen en geavanceerde functionaliteiten te ondersteunen, zoals transacties met meervoudige handtekeningen of intelligente contracten.

Transacties die door een knooppunt worden verricht, worden naar zijn buren gezonden. Deze laatste valideren de transacties die zij ontvangen en groeperen deze geleidelijk in een lokale pool alvorens deze aan hun eigen buren door te geven. Geldige transacties worden vervolgens verdeeld over alle knooppunten in het netwerk, nadat ze in elke fase opnieuw zijn gecontroleerd.

Alvorens een transactie definitief in de blokketen op te nemen, voert het netwerk herhaaldelijk een reeks controles uit, waarbij met name wordt nagegaan of de outputs waarnaar de vermeldingen verwijzen, wel degelijk bestaan en nog niet zijn gebruikt, of de auteur van de transactie wel degelijk in het bezit is van het adres dat in deze outputs is gecrediteerd, en of de som van de bedragen die in de outputs van de transactie voorkomen, duidelijk lager is dan of gelijk is aan de som van de bedragen van de outputs waarnaar in de vermeldingen wordt verwezen.

Het opnemen van een transactie in de blokketen heeft tot gevolg dat elke toekomstige verwijzing naar de outputs die door de inputs van die transactie worden aangeduid, wordt verboden, en dat aldus een dubbele uitgave van het bedrag van die outputs wordt voorkomen, hetgeen zou neerkomen op het ongeoorloofd creëren van bitcoins ex nihilo. De enige toegestane creatie van bitcoin ex-nihilo gebeurt door een speciale transactie, Coinbase genaamd, die aan het begin van elk blok in de keten wordt ingevoegd om de mijnwerker te vergoeden die het blok heeft ingevoegd.

Een transactie wordt onmiddellijk door het netwerk in aanmerking genomen en na ongeveer 10 minuten een eerste keer bevestigd. Elke nieuwe bevestiging versterkt de geldigheid van de transactie in het transactielogboek.

Adressen

Elke gebruiker kan een willekeurig aantal adressen hebben die hij via zijn *portemonnee* aanmaakt. Elk bitcoinadres is verbonden met een publiek-privaat sleutelpaar.

Een adres is gelijk aan de 160-bit cryptografische vingerafdruk van zijn publieke sleutel. Er zijn dus maximaal 2^{160} mogelijke bitcoinadressen, d.w.z. ongeveer 10^{48}. Een bitcoinadres heeft ook een voorvoegsel dat het versienummer aangeeft en een controlesom van vier bytes. Een bitcoinadres beslaat dus in totaal 25 bytes.

Een adres wordt in ASCII-formaat weergegeven dankzij een speciale codering op 58 alfanumerieke tekens: hoofdletters, kleine letters en cijfers, behalve de letters en cijfers I, l, 0 en O, die Nakamoto heeft uitgesloten vanwege hun gelijkenis in sommige lettertypes.

Als voorbeeld, hier is het allereerste bitcoinadres dat bitcoins ontving: 1A1zP1eP5QGefi2DMPTfTL5SLmv7DivfNa.

Om het bedrag te gebruiken dat is opgenomen in de uitvoer van een bestaande transactie waarbij een Bitcoin-adres wordt gecrediteerd, moet de gebruiker in de invoer van een transactie gebruik maken van de privésleutel die overeenkomt met het adres door de transactie te ondertekenen. Het netwerk verifieert de geldigheid van deze handtekening met behulp van de openbare sleutel die bij het gecrediteerde adres hoort, waarbij gebruik wordt gemaakt van asymmetrische cryptografische technieken. De bewerking wordt herhaald voor elk gegeven in de transactie.

Portemonnees

De *portefeuille* van elke gebruiker bevat zijn persoonlijke gegevens, waaronder het adres, de publieke sleutel en de private sleutel van elk van zijn rekeningen. Het kan ook gebruikersspecifieke informatie bevatten die is opgebouwd uit de blokketen, zoals een lijst van beschikbare transactie-uitgangen of rekeningsaldi.

De portefeuillesoftware biedt ten minste de functies van het aanmaken van rekeningen, het raadplegen van rekeningen, het opbouwen en verzenden van transacties.

Er is keuze uit portemonnee-software voor alle soorten toestellen, waaronder smartphones. Zij verschillen in de reikwijdte van hun nevenfuncties en in hun ergonomie.

De informatie in de portefeuille van een gebruiker is van kritiek belang en moet strikt worden beschermd tegen elke vorm van inbraak.

Als de privé-sleutel van een rekening verloren gaat, heeft de gebruiker geen toegang meer tot de transacties waarmee die rekening wordt gefinancierd, en kan hij er ook geen nieuwe transacties meer mee aanmaken. Zijn bitcoins zijn permanent verloren en zullen voor altijd in de database blijven zonder dat hij zijn adres kan veranderen. In 2013 verloor een gebruiker 7.500 Bitcoins, die toen een waarde vertegenwoordigden van 7,5 miljoen dollar, door per ongeluk de harde schijf weg te gooien die zijn privésleutel bevatte.

Als een andere gebruiker de privésleutel van een rekening ontdekt, kan die gebruiker zich voordoen als de rechtmatige rekeninghouder en alle Bitcoin op de rekening uitgeven, wat neerkomt op diefstal van Bitcoin.

Mijnbouw

De "mining"-operatie bestaat uit het samenvoegen van transacties in "blokken", met een kop die onder andere de grootte van het blok aangeeft, het aantal geregistreerde transacties, de datum en het tijdstip, een controlesom die elke wijziging van het blok verbiedt en tevens dient als unieke identificatie van het blok, en de identificatie van het vorige blok.

Miners nemen in de blokken die zij vormen een bepaalde transactie op die hen crediteert met een aantal bitcoins die voor dit doel zijn gecreëerd, en een specifieke transactievergoeding omvat. Deze vergoeding is echter alleen van kracht als het blok definitief in de blokketen wordt geaccepteerd door de andere knooppunten. Het is deze geldschepping die het gebruik van de term "mijnbouw" verklaart, naar analogie met de goudwinning.

Een blok kan een willekeurig aantal transacties bevatten, gewoonlijk tussen 1.000 en 2.000, maar de blokgrootte mag niet groter zijn dan 1 megabyte.

Binnen een blok worden transacties opgeslagen in de vorm van een Merkle-boom.

De controlesom van het blok wordt berekend door tweemaal een SHA-256 hash op het gevormde zestigtal toe te passen:

- het software versienummer ;
- van de header fingerprint van het vorige blok ;
- vanaf de wortel van de transactieboom van het blok ;
- van het tijdstempel;
- van de moeilijkheid;
- van de nuntius.

De berekening van deze vingerafdruk wordt opzettelijk bemoeilijkt door de eis dat hij kleiner moet zijn dan een bepaalde waarde, die zich materialiseert in een binaire weergave die begint met een bepaald aantal nullen. Daartoe bevat de vingerafdruk onder zijn componenten een willekeurig aantal van 32 bits, de "nonce".

Zelfs indien men de vingerafdrukken kent die overeenkomen met bepaalde nunces, maakt de hash het onmogelijk om de waarde van de vingerafdruk voor een nieuwe nunce te bepalen zonder het algoritme opnieuw uit te voeren. De juiste nuncio voor de terminalvereiste op de waarde van de vingerafdruk kan derhalve alleen worden gevonden door verscheidene pogingen te ondernemen.

Voor een gegeven nuncio-waarde is de kans dat een vingerafdruk onder de moeilijkheidsgraad wordt berekend zeer gering, zodat vele pogingen moeten worden gedaan voordat dit wordt bereikt. Tussen 2014 en 2016 steeg het gemiddelde aantal nunces dat elke mijnwerker tussen elke blokcreatie moest testen van 1 miljard naar 200 miljard. Bij deze berekening wordt dezelfde berekening een zeer groot aantal malen uitgevoerd met verschillende gegevens, zodat zij zich goed leent voor parallelle berekening.

De moeilijkheidsgraad wordt om de 2016 blokken aangepast om rekening te houden met de werkelijke rekencapaciteit van het netwerk en om gemiddeld elke 10 minuten een blok toe te voegen, hetgeen betekent dat de waarschijnlijke rekentijd voor een geldige vingerafdruk 10 minuten bedraagt voor de krachtigste computer of groep computers in het netwerk.

Dit systeem van werkbewijzen en de koppeling van blokken door hun afdruk maakt elke wijziging van de keten van blokken praktisch onmogelijk. Een aanvaller die een transactie in een bepaald blok wil wijzigen, zou de controlesom ervan en die van alle volgende blokken opnieuw moeten berekenen. Naarmate de moeilijkheidsgraad toeneemt, evenals het aantal blokken na de gewijzigde transactie, neemt de tijd die nodig is om een dergelijke wijziging aan te brengen zeer snel toe.

Wanneer een miner een geldig blok heeft gemaakt waarvan de controlesom voldoet aan de moeilijkheidsvoorwaarde, zendt hij of zij het uit naar de naburige knooppunten, die het controleren op geldigheid alvorens het op hun beurt opnieuw uit te zenden. De vergoeding voor mijnbouwwerk wordt uitbetaald in Bitcoin. De betaling staat bekend als een blokbeloning. De huidige blokbeloning is 6,25 Bitcoin. Deze beloning wordt door twee gedeeld voor elke 210.000 blokken.

De geldige blokken worden dus stap voor stap onder alle knooppunten van het netwerk verdeeld, niet zonder vooraf te zijn gecontroleerd, maar kunnen niet meer worden gewijzigd. Aan de hand van de nunce die in de header is opgenomen, kan de geldigheid van het blok gemakkelijk en snel worden gecontroleerd.

Stroomverbruik

Hoewel mijnbouw vaak wordt bekritiseerd vanwege het vermeende hoge energieverbruik, wordt deze kritiek door sommige waarnemers gecompenseerd door erop te wijzen dat het "conventionele" geldnetwerk veel meer energie verbruikt, hetzij door de miljoenen geldautomaten, hetzij door de infrastructuur die nodig is voor de goede werking van het conventionele geldsysteem, zoals datacentra. De meeste bitcoin-mijnwerkers gebruiken hernieuwbare energie omdat die goedkoper is in gebieden in de wereld die bevorderlijk zijn voor het mijnen.

Geschat stroomverbruik

Het is moeilijk te beoordelen vanwege de decentralisatie van de activiteit. De cijfers die het vaakst in de pers worden genoemd, zijn afkomstig van de site "Digiconomist", die is opgezet door een Nederlandse financieel analist.

Volgens haar raming, die gebaseerd is op de veronderstelling van een economisch evenwicht tussen de opbrengsten en de kosten van de mijnbouw, zou het mondiale elektriciteitsverbruik ten gevolge van de mijnbouw per [1] juli 2018 71,1 TWh/jaar = 1 miljard kilowattuur bedragen, wat overeenkomt met de energie die gedurende één jaar wordt geproduceerd door zes kernreactoren van 1 300 MW die op volle capaciteit draaien, of met het jaarlijkse elektriciteitsverbruik van Chili of 0,32 procent van het mondiale elektriciteitsverbruik. De groei is bijzonder sterk, aangezien deze een jaar eerder nog op slechts 13,7 TWh/jaar werd geraamd, iets meer dan een vervijfvoudiging in één jaar.

Met slechts ongeveer 200.000 transacties per dag in 2018, zou het elektriciteitsverbruik van Bitcoin vanaf [1] juli 2018 in de orde van grootte van 1.000 kWh per transactie liggen. Ter vergelijking: Visa verbruikte 0,19 TWh/jaar om 111 miljard transacties te verwerken in 2017, of 0,001 7 kWh per transactie. Bitcoin zou dus per transactie ongeveer 600 000 keer meer energie verbruiken dan Visa. Er zij echter op gewezen dat het mijnverbruik onafhankelijk is van het aantal transacties.

De ramingen van de site "Digiconomist" worden echter betwist en als overdreven beschouwd. Volgens Marc Bevand, een computerbeveiligingsingenieur, overschatten zij het elektriciteitsverbruik van Bitcoin-mijnwerkers met een factor 1,5 tot 2,8, [wat] het totale elektriciteitsverbruik op 32,3 TWh/jaar zou brengen, of 424 kWh per transactie.

Deze schattingen zijn onderhevig aan onzekerheid door de veronderstellingen die zij vereisen, maar het is mogelijk om op basis van verifieerbare gegevens een minimaal stroomverbruik voor het Bitcoin-netwerk te berekenen:

- het aantal hashes per seconde: 37,1 × 1018 H/s op [1] juli 2018 ;
- het vermogen en de hakcapaciteit van de krachtigste machine op de markt: 1.323 W bij 13,5 × 1012 H/s.

Er kan dus worden gesteld dat het Bitcoin-netwerk op [1] juli 2018 ten minste 2,8 miljoen mijnbouwmachines telde en dat het elektriciteitsverbruik ten minste gelijk was aan 32,2 TWh/jaar. Het aantal entiteiten dat het Bitcoin-netwerk beveiligt, neemt voortdurend toe, waardoor de waarde van Bitcoin toeneemt.

Waarom is stroomverbruik zo belangrijk?

Het zeer hoge energieverbruik van Bitcoin houdt verband met het systeem voor het delven van nieuwe blokken, als bewijs van het werk om het systeem te beschermen tegen fraude bij afwezigheid van een centrale autoriteit. Beveiliging is gebaseerd op een wiskundig probleem dat moeilijk op te lossen is en inherent duur is om op te lossen. Om een kans te maken het volgende blok aan de keten toe te voegen, moeten mijnwerkers zwaar investeren in server farms om veel rekenkracht te hebben. Deze boerderijen verbruiken veel elektriciteit om de servers van stroom te voorzien en te koelen.

Om een nieuw blok op de blokketen te registreren, moeten de miners een wiskundig probleem oplossen dat aan alle concurrerende miners wordt voorgelegd, en het is de eerste die een oplossing vindt die overgaat tot de registratie en een bitcoinbetaling wint. Aangezien de oplossing alleen kan worden gevonden met vallen en opstaan, heeft de mijnwerker die het maximum aantal pogingen kan doen de beste kans om te winnen. De moeilijkheidsgraad van het probleem wordt zodanig aangepast dat de benodigde rekentijd om het op te lossen in de orde van 10 minuten ligt.

De omvang van het elektriciteitsverbruik houdt verband met de intensiteit van de berekeningen en met het feit dat deze berekeningen gelijktijdig worden uitgevoerd door een groot aantal mijnwerkers. Het houdt verband met de prijs van Bitcoin, want hoe hoger de prijs, hoe hoger de uitbetaling en hoe meer mijnwerkers. wat doet denken aan de voorspelling van Henry Ford aan het begin van de 20e eeuw: "Een energievaluta zal goud vervangen en een einde maken aan oorlogen".

Groeperingen van minderjarigen

De moeilijkheidsgraad van het delven bracht mijnwerkers ertoe coöperaties te vormen om hun rekenkracht te bundelen en sneller nieuwe blokken te bouwen. De bezoldiging die overeenkomt met de samenstelling van elk blok wordt dan evenredig verdeeld onder de leden, na aftrek van de onkosten, waardoor hun inkomen wordt afgevlakt en minder onzeker wordt. In 2016 zullen een tiental van deze coöperaties 95% van de blokken leveren. De meeste daarvan bevinden zich in China, maar ook in Tsjechië en Georgië.

De beloning voor mijnbouwactiviteiten heeft geleid tot de ontwikkeling van steeds meer gespecialiseerde technologieën. De meest efficiënte apparatuur maakt gebruik van geïntegreerde circuits die beter presteren dan processoren voor algemeen gebruik, terwijl ze minder energie verbruiken. Vanaf 2015 had een mijnwerker die geen specifiek voor de mijnbouw ontworpen apparatuur gebruikt, weinig kans om zijn elektriciteits- en uitrustingskosten te dekken, zelfs door zich aan te sluiten bij een mijnbouwcoöperatie.

Rusland

Iemand dicht bij de Russische president wil 100 miljoen dollar inzamelen om de "mijnbouw" te financieren en zo te concurreren met China.

Keten van blokken

De blokketen van het Bitcoin-systeem is vergelijkbaar met een openbaar boek waarin transacties worden vastgelegd. Er zijn meer dan 10.000 kopieën van de blokketen die parallel worden beheerd door de knooppunten in het netwerk, waarvan geen enkele een bevoorrechte rol speelt. Sommige kopieën van het register zijn opgeslagen op plaatsen die beschermd zijn tegen catastrofes, zoals bijvoorbeeld in een bunker onder de bergen in Zwitserland.

De exploitant van elk knooppunt in het netwerk kan besluiten om een "compleet knooppunt" te installeren dat een lokale kopie van de blokketen opbouwt en onderhoudt. Een andere mogelijkheid is dat de exploitant genoegen neemt met een thin node die gebruik maakt van naburige full nodes om transacties te valideren met behulp van het SPV-protocol.

Aangezien deze beslissingen volledig gedecentraliseerd zijn, is het onmogelijk om het aantal knooppunten van elk type te kennen. De enige populatie die permanent wordt geteld door gespecialiseerde sites zoals *blockchain.info* of *bitnodes* is die van "luisterende" nodes die, op het moment van meting, transacties en blokken van andere nodes accepteren. Hun aantal ligt rond de 10.000.

De knooppunten in het netwerk zullen waarschijnlijk in de tienduizenden lopen. Voor volledige knooppunten, die overeenstemmen met het aantal kopieën van de blokketen, lopen de schattingen uiteen van 5.000 tot 30.000, gevestigd in 85 landen op alle continenten.

Deze redundantie waarborgt de continuïteit van de dienstverlening. Elke computer kan worden losgekoppeld of crashen zonder de goede werking van het hele systeem in gevaar te brengen. Wanneer het weer operationeel wordt, bouwt het protocol voor het bouwen van de keten van blokken die het host automatisch het ontbrekende deel opnieuw op met behulp van naburige knooppunten.

Zolang hij toegang heeft tot het internet, zal een gebruiker altijd een knooppunt in het netwerk vinden om een geschrift te aanvaarden en door te geven, en dan zal er een groot aantal minderjarigen en volledige knooppunten, verspreid over de hele wereld, zijn om het op te schrijven en toegankelijk te maken in de blokketen, waar het altijd toegankelijk zal blijven vanaf elk punt in de wereld dat toegang heeft tot het internet, zonder te kunnen worden gewijzigd.

Diezelfde redundantie, gekoppeld aan het "voorzorgsbeginsel" waarbij elk knooppunt in het netwerk de geldigheid van de ontvangen informatie controleert alvorens deze te gebruiken, maakt het onmogelijk dat frauduleuze vermeldingen zich verspreiden. Fouten en fraudes blijven mogelijk op een bepaalde computer, of zij nu worden gemaakt door de beheerder van de site of door een hacker die deze site manipuleert; het is zelfs mogelijk dat zij zich plaatselijk verspreiden door besmetting of door samenspanning. Anderzijds is het zo goed als onmogelijk dat een dergelijke vervuiling zich verspreidt over een significant percentage van de kopieën in de blokketen, laat staan over het hele netwerk.

Bouw van blokketens

Bij de ontvangst van een nieuw blok voert elke computer die een volledig knooppunt beheert een protocol uit dat resulteert in de verwerping van het blok als het reeds is ontvangen of als het ongeldig is, of in de toevoeging ervan aan de lokale blokketen na een laatste controle van alle ingangen die het bevat, of in het in de wacht zetten ervan.

Elk blok bevat de identifier van het blok dat eraan voorafgaat in de blokketen van zijn minderheidsblok en, in het meest gebruikelijke geval, is deze voorganger het eindblok van de lokale keten, waaraan het nieuwe blok wordt toegevoegd na een laatste controle van de geldigheid ervan. De transacties in dit nieuwe blok worden vervolgens gevalideerd door het knooppunt, met name het knooppunt dat de minderjarige die dit blok heeft gecreëerd in bitcoins uitbetaalt. Dit blok wordt naar naburige knooppunten gezonden en, stap voor stap, naar het hele netwerk. In geval van falen bij het controleren van de geldigheid van het blok, wordt het blok stand-by gehouden, en opgenomen in een secundaire tak van de blokketen.

Indien het knooppunt een nieuw blok ontvangt dat een posting bevat die reeds in de lokale keten aanwezig is, wordt dit blok verworpen. Het is dus het eerste geldige ontvangen blok dat elk knooppunt in zijn blokketen zal schrijven. Identieke blokken die door andere miners in dezelfde 10-minuten cyclus zijn gebouwd zullen worden afgewezen, dus de miners zullen wedijveren om hun blokken aan de keten te laten toevoegen en overeenkomstig betaald te krijgen.

Door de vertraging die de blokken nodig hebben om zich door het netwerk te verspreiden, kunnen twee blokken die in dezelfde cyclus zijn gecreëerd in een verschillende volgorde aankomen, afhankelijk van de ontvangende knooppunten, die dan verschillende versies van het register bouwen. Dit staat bekend als een bifurcatie. Meestal is een bifurcatie tijdelijk en corrigeert het protocol voor de bouw van de blokketen deze in de volgende cyclus.

Om ervoor te zorgen dat alle kopieën van de blokketen op alle knooppunten identiek zijn, ook al zijn ze onafhankelijk van elkaar opgebouwd, bevat dit protocol een zogenaamd "consensus"-mechanisme, dat een centraal element van het systeem vormt. De regel die Bitcoin gebruikt is om de keten te kiezen die het meeste werk kostte om de blokken in de keten te bouwen. Daartoe wordt in de kopregel van elk blok aangegeven hoe moeilijk het was om het te bouwen. Het feit dat de controlesom van het blok voldoet aan de opgelegde beperkingen is het "bewijs van werk" dat garandeert dat dit werk is gedaan.

Indien na de toevoeging van een blok aan een secundaire keten blijkt dat de secundaire keten meer werk vergt dan de hoofdketen, moet die secundaire keten de hoofdtak worden. Daartoe gaat het programma terug naar het punt waar het zich losmaakte van de hoofdtak, valideert de blokken en de ingangen die zij bevatten één voor één opnieuw, en voegt elk blok toe aan het einde van de nieuwe keten in opbouw als aan deze controles is voldaan, waarbij dit proces bij de eerste fout wordt afgebroken.

Dit zeer complexe proces is het echte hart van het systeem, aangezien het de enige manier is om de keten van blokken te wijzigen en de resultaten ervan onomkeerbaar zijn. Het voorziet ook in functies zoals het oplossen van bifurcatiegevallen en de reconstructie van de keten in geval van een computer- of netwerkuitschakeling.

Aan het einde van deze tweede fase werd elk van de duizenden kopieën van de keten van blokken die op de volledige knooppunten bestaan, uitgebreid met een blok dat door elk knooppunt werd gekozen uit de voorstellen van de mijnwerkers door toepassing van de geprogrammeerde consensusregel. Als alle volledige knooppunten dezelfde regels voor het posten en valideren van blokken toepassen, is dit extra blok voor alle knooppunten gelijk, zodat alle kopieën van de blokketen gelijk blijven. Dit betekent dat een paar duizend nieuwe postings definitief worden geregistreerd en beschikbaar komen op de duizenden overeenkomstige sites.

De rol van cryptografie

Cryptografie wordt gebruikt om actoren te authenticeren, maar digitale gegevens worden niet geëncrypteerd: cryptografie wordt alleen gebruikt om de handtekening te garanderen.

Handtekeningsleutels

Om geldig te zijn moet elke transactie worden ondertekend, in de cryptografische betekenis van het woord, met gebruikmaking van asymmetrische cryptografische technieken. Daartoe vormt elk Bitcoin-adres ook de cryptografische vingerafdruk van een openbare sleutel. Elke transactie vermeldt als invoer de referentie van een vorige transactie die de beschikbaarheid van de fondsen waarop de transactie betrekking heeft, rechtvaardigt, en als uitvoer een of meer Bitcoin-adressen en de aan hen toe te wijzen bedragen. Bij een transactie zijn de inputs en outputs altijd in evenwicht.

Om bitcoins te kunnen verzenden, moet een gebruiker cryptografisch een transactie ondertekenen die als input verwijst naar een of meer eerdere transacties waarvan het outputbedrag voldoende is om de transactie te dekken. De private sleutel die wordt gebruikt om deze transactie te ondertekenen moet overeenkomen met de publieke sleutel die eerder Bitcoins heeft ontvangen. De gebruiker moet daarom al zijn particuliere sleutels vertrouwelijk en veilig opslaan. Het overeenkomstige bestand in de software, *wallet.dat* genaamd, moet door de gebruiker op vertrouwelijke wijze worden bewaard en opgeslagen.

Cryptografie maakt de hierboven beschreven authenticatie en onweerlegbaarheid mogelijk door het ondertekenen van transacties en eenrichtingsfuncties. Het systeem garandeert op geen enkel moment de vertrouwelijkheid of de encryptie van de gegevens die over het netwerk worden verzonden. Alle transacties zijn dus *onversleuteld.*

Transacties worden ondertekend met elliptische curve-cryptografie, bekend als ECDSA. In dit geval is de gebruikte curve *secp256k1.*

Doorzichtigheid

Zelfs als de software geen persoonsgegevens van de gebruiker gebruikt, is anonimiteit niet gegarandeerd: de identiteit van een gebruiker kan worden achterhaald als hij of zij dit vrijwillig ontdekt, als zijn of haar IP-adres traceerbaar is, of mogelijk als gevolg van een nauwgezet en complex statistisch onderzoek van de database met transacties, of wanneer de regelgeving van een staat of groep staten wettelijke maatregelen neemt om een einde te maken aan de anonimiteit van transacties op virtuele valutaplatforms. Het is echter mogelijk om anoniem te blijven op het Bitcoin-netwerk met bepaalde zogenaamde "meng"-diensten en een goede kennis van de AML- en KYC-maatregelen die op de uitwisselingsplatforms worden toegepast.

Het Bitcoin-systeem versleutelt geen van de gegevens die het gebruikt. Cryptografie wordt alleen gebruikt om onvervalsbare handtekeningen te maken en eenrichtingsfuncties te implementeren. Alleen de portefeuille met de particuliere sleutel kan door de gebruiker worden versleuteld, maar dit is facultatief, behoort tot de uitsluitende bevoegdheid van de gebruiker en maakt geen deel uit van de systeemspecificaties: de vertrouwelijkheid kan de verantwoordelijkheid zijn van het besturingssysteem of van geschikte versleutelingssoftware, zoals bij elk ander bestand.

Bewijs van werk

Bitcoin maakt gebruik van de proof-of-work-methode, die oorspronkelijk is bedacht om het spam-probleem op te lossen en met name in het Hashcash-systeem is geïmplementeerd. De hashcash-algoritmen zijn SHA-256 en RIPEMD-160. Een dubbele hash in SHA-256 wordt gebruikt om de block hash te verkrijgen en daarmee het bewijs van werk, terwijl een SHA-256 gevolgd door RIPEMD-160 wordt gebruikt om de bitcoin-adressen te construeren.

Monetaire aspecten

Eenheden

De rekeneenheid in het Bitcoin-systeem is Bitcoin. De symbolen die worden gebruikt om het weer te geven zijn BTC, XBT en " ". Bitcoin kan ook worden onderverdeeld in kleinere eenheden zoals millibitcoin, microbitcoin of satoshi, die 10 nanobitcoins vertegenwoordigt. De microbitcoin wordt ook wel een *bit genoemd*.

Na een voorstel tot toevoeging stemde het Unicode-consortium er in november 2015 mee in om Bitcoin als een van zijn karakters toe te voegen, met toekenning van de code 20BF.

Speciale kenmerken

Als virtuele valuta heeft Bitcoin drie bijzonderheden:

1. Wat de regelgeving betreft, betekent het ontbreken van een wettelijke status en een regelgevingskader

dat virtuele valuta's geen prijs- of liquiditeitsgarantie bieden. De vrijwillige beperking van het aantal uitgegeven rechten van deelneming zonder indexering houdt een risico van speculatie in dat tot een hoge volatiliteit leidt ;

2. Wat transparantie betreft, leidt een versleuteling van de identiteit van begunstigden en opdrachtgevers tot volledige anonimiteit van de transacties. De verrichte transacties worden geregistreerd in een openbaar register, maar deze traceerbaarheid is beperkt: zij maakt het niet mogelijk de opdrachtgever en de uiteindelijke begunstigde te identificeren, zij is zeker noch systematisch, en zij is technisch noch juridisch exploiteerbaar;

3. Wat extraterritorialiteit betreft, kunnen de hoofdrolspelers, de servers en de natuurlijke of rechtspersonen die deze exploiteren, gevestigd zijn in landen en gebieden waar samenwerking moeilijk te verkrijgen kan zijn.

Met de wisselkiosken kan de virtuele bitcoinvaluta worden ingewisseld tegen een wettig betaalmiddel, op dezelfde manier als met een geldautomaat geld kan worden opgenomen bij een bank. Daartoe kunnen deze terminals rekening houden met identificatieformaliteiten op basis van biometrische controle: het nemen van handpalmafdrukken, het scannen van een identiteitskaart en het vergelijken van gelaatstrekken met de foto op hun identiteitskaart.

Een andere bijzonderheid van Bitcoin is de onherroepelijkheid van een ongeoorloofde transactie.

Bewijs van eigendom

De gebruiker met Bitcoins kan er toegang toe krijgen via een specifiek adres en een wachtwoord, ook wel privésleutel genoemd. Aangezien kennis van de private sleutel essentieel is voor het ondertekenen van transacties, kunnen

Bitcoins niet worden uitgegeven zonder de sleutel. Het netwerk verifieert de geldigheid van de particuliere sleutel met de openbare sleutel van de gebruiker met behulp van asymmetrische cryptografische technieken. Alleen kennis van de openbare sleutel van een adres is echter vereist om een storting te verrichten.

Transacties en vergoedingen

Transacties

Bitcoins van verschillende transacties kunnen niet samengevoegd worden. Een gebruiker die meerdere betalingen ontvangt, zal evenveel verschillende bedragen in zijn portefeuille houden, ook al geeft zijn software ze, om ze gemakkelijker leesbaar te maken, globaal weer. Wanneer de gebruiker ze wil uitgeven, berekent zijn software de beste reeks over te dragen invoergegevens om de omvang van de uitvoergegevens zo klein mogelijk te houden en zo de transactiekosten te beperken.

- *Voorbeeld*: Een gebruiker ontvangt 13 betalingen van 1 × 2,3 XBT, 5 × 1,0 XBT, 2 × 0,7 XBT, 1 × 0,5 XBT, 1 × 0,3 XBT, 2 × 0,2 XBT en 1 × 0,1 XBT. Zijn software zal hem dan vertellen dat hij 10.0 XBT heeft.
- Wanneer hij 3,0 XBT wil uitgeven, zal de beste reeks uitvoergegevens de eerder ontvangen 2,3 XBT en 0,7 XBT zijn.
- Als hij 3,05 XBT wil uitgeven, zou de beste outputset zijn om de 2,3 XBT te combineren met de eerder ontvangen 0,7 XBT en de 0,1 XBT-transactie te splitsen in een outputtransactie van 0,05 XBT, waarbij het andere deel van de 0,05 XBT-transactie in de portefeuille wordt gehouden.

Vergoedingen

De betaling van transactievergoedingen is theoretisch optioneel, maar de miners bepalen de volgorde van verwerking van transacties die in de nieuwe blokken worden opgenomen op basis van de door gebruikers aangeboden transactievergoedingen. Hoe meer een gebruiker ermee instemt een hoge transactiekost te betalen, hoe sneller zijn transactie zal worden verwerkt. In geval van gelijke kosten wordt voorrang gegeven aan de oudste transacties. Transacties zonder transactiekosten worden na alle andere verwerkt; praktisch gezien beginnen deze transacties gemiddeld vanaf 120 minuten en tot een potentieel oneindige tijd te worden verwerkt.

De meest concurrerende transactiekosten, die een vrijwel onmiddellijke bevesting mogelijk maken, tussen gemiddeld 0 en 35 minuten, bedragen ongeveer 80 satoshis/byte . Voor een mediane transactiegrootte van 265 bytes vertegenwoordigt dit in 2016 een kostprijs van ongeveer 21.200 satoshis, ongeacht het aantal over te dragen bitcoins.

Om het vermenigvuldigen van transacties van kleine bedragen te ontmoedigen, past de software een verplichte transactiekost van 0,000 1 XBT toe op elke transactie van minder dan 0,01 XBT.

Hoe groter de verzamelingen invoergegevens zijn die nodig zijn om een transactie te voltooien, hoe langer het duurt om de transactie te coderen en hoe hoger de kosten, terwijl het totale bedrag toch zeer laag blijft. Het software-algoritme van Bitcoin is ontworpen om de samenvoeging van invoergegevens onder 0,01 XBT te minimaliseren om verplichte transactiekosten te beperken.

Als het over te maken bedrag aan Bitcoins klein is of als de transactie recent is, zal alleen de betaling van een transactietarief de onmiddellijke verwerking van de transactie mogelijk maken. Aan elke transactie wordt een prioriteitsvolgorde toegekend op basis van het bedrag, de ouderdom en de omvang. Meer bepaald berekent de software een quotiënt dat wordt bepaald door het aantal over te dragen bitcoins, vermenigvuldigd met de leeftijd van de transactie en gedeeld door de omvang van de gegroepeerde invoergegevens. Onder een bepaald quotiënt wordt de transactie alleen onmiddellijk verwerkt tegen betaling van een transactietarief.

- Indien de gebruiker verkiest geen transactiekosten te betalen, zal het quotiënt in de loop van de tijd stijgen tot het een drempelwaarde overschrijdt die de verwerking van de transactie in gang zet; de transactie wordt dan gratis verwerkt, maar met een vertraging.
- Hoe hoger het aantal bitcoins dat moet worden overgemaakt, hoe hoger het quotiënt en hoe sneller of gratis de gebruiker zijn transactie verwerkt zal zien.
- Voor dezelfde hoeveelheid bitcoins die moet worden overgemaakt, worden transacties met een kleine hoeveelheid invoergegevens sneller verwerkt dan andere.

Bitcoin-software berekent meestal de optimale vergoeding die moet worden betaald voor de transactie die moet worden verwerkt op het moment van de overdracht. Deze kosten variëren naar gelang van het aantal transacties dat op het ogenblik van de overdracht moet worden verwerkt, maar in het algemeen zijn zij zeer verwaarloosbaar. Alleen de gebruiker bepaalt het bedrag van de transactiekosten dat hij bereid is te betalen.

Speciale gevallen

- Als een gebruiker 3 XBT's van twee transacties van 1 en 2 XBT's in zijn portefeuille heeft en *gratis* een product of dienst van 2,999 XBT wil kopen, moet de

Bitcoin-software de twee transacties combineren en de transactie van 1 XBT splitsen in één regel van 0,999 XBT en één regel van 0,001 XBT. Maar in dit geval zou voor de 0,001 XBT-lijn automatisch 0,0001 XBT in rekening worden gebracht. De gebruiker zou dan niet in staat zijn zijn aankoop te doen die hem 2 XBT + 0,999 XBT + 0,0001 XBT zou kosten, terwijl hij 3 XBT bezit en 0,001 XBT wenst te houden. In een dergelijk geval verdient het de voorkeur dat hij 3 XBT zonder kosten naar de verkoper stuurt, ook al willen sommige verkopers het exacte bedrag van de aankoop naar hen toegestuurd krijgen.

- De site reddit meldt het geval van een gebruiker die een jackpot van 1.280 XBT won op een goksite met een inzet van 0,02 XBT. Om het bedrag van de jackpot over te maken, moest de goksite 64.000 transacties ter waarde van 0,02 XBT aan inputgegevens verzamelen, wat neerkwam op een transactie van 51.203 bytes; het bedrag van de vereiste vergoeding voor onmiddellijke verwerking bedroeg 0,026 XBT, of ongeveer 15 euro, wat meer is dan het bedrag van de inzet van de speler, 12 euro, of de vergoeding die gewoonlijk voor een normale transactie wordt betaald, 0,11 euro, maar veel minder dan het bedrag van de winsten, 768.000 euro).

- Sommige minderjarigen kunnen ervoor kiezen om transacties te verwerken in strijd met de regels van het Bitcoin-protocol. In dit geval nemen zij de transactie op in een nieuw blok dat zij in een langere tijd zullen kunnen ondermijnen naarmate hun rekenkracht lager is.

Aanmaak van bitcoins

De creatie van een nieuw blok wordt beloond met bitcoins die voor dit doel zijn gecreëerd.

Het bedrag van deze prijs wordt gehalveerd telkens als er 210.000 transactieblokken aan de blokketen worden toegevoegd:

- Vanaf de creatie van het eerste blok tot het 209.999e blok, gecreëerd op 28 november 2012, werd elke miner beloond met 50 nieuw gecreëerde bitcoins voor de creatie van een geldig nieuw blok ;
- van Blok 210.000 tot Blok 419.999, gecreëerd op 9 juli 2016, was de beloning 25 Bitcoins voor elk nieuw gecreëerd blok;
- van Blok 420.000 tot Blok 629.999, gecreëerd op 11 mei 2020, was de beloning 12,5 Bitcoins voor elk nieuw gecreëerd blok;
- van blok 630.000 tot blok 839.999, is de beloning 6,25 bitcoins voor elk nieuw aangemaakt blok;
- etc

De volgende halvering zal naar verwachting rond mei 2024 plaatsvinden, zodat de beloning zal stijgen tot 3,125 bitcoins per blok.

Het beloningssysteem neigt naar nul naarmate de reeks van 210.000 blokken wordt voltooid, zodat er *uiteindelijk* maximaal 20.999.999,9769 bitcoins zullen worden gecreëerd, waarschijnlijk rond het jaar 2140. De geleidelijke afname van het aantal nieuwe bitcoins die de creatie van nieuwe blokken beloont, zal worden gecompenseerd door de ontwikkeling van de transactiekosten.

Met andere woorden, de uitvinder van het Bitcoin-systeem streefde naar een monetair beleid waarbij het aantal Bitcoins in totaal niet meer dan 21 miljoen eenheden mocht bedragen, en waarbij de snelheid waarmee nieuwe eenheden worden gecreëerd, naar nul neigde. Een dergelijk monetair systeem wordt deflatoir genoemd.

Privacy

Het Bitcoin-systeem geeft op het openbare register aan hoeveel bitcoins aan elk adres verbonden zijn. Alle transacties die op de blokketen worden geregistreerd, zijn ook openbaar. De identiteit van de eigenaars van Bitcoin-adressen is niet openbaar, maar kan worden achterhaald, bijvoorbeeld via de uitwisselingsplatforms die de identiteit van hun gebruikers registreren.

Handelsplatforms brengen de tegoeden van hun gebruikers gewoonlijk samen onder één adres en wijzen via hun handelssoftware een bitcoinkredietlijn toe aan elk van hun gebruikers. Gebruikers kunnen dan hun Bitcoins inwisselen voor andere cryptocurrencies of munteenheden. Het platform beveiligt zijn deposito's door ze over meerdere adressen te verdelen of door ze "koud" op te slaan om diefstal te voorkomen. Wanneer een gebruiker zijn stortingen van het platform naar een ander adres overmaakt, debiteert het platform zijn kredietlijn en maakt het het uit te wisselen bedrag over van een van zijn adressen naar het door de gebruiker opgegeven adres.

Onderzoekers van de Stanford University en de Concordia University hebben aangetoond dat, om hacking te voorkomen, bitcoin-handelsplatforms hun kredietwaardigheid kunnen aantonen zonder hun adres bekend te maken, door gebruik te maken van zero-knowledge protocollen.

Onderzoekers hebben betoogd dat, bij gebrek aan specifieke beschermingsmaatregelen, betalingen via het Bitcoin-protocol niet meer privé zijn dan betalingen met een creditcard.

Effectenbeurzen en financiële instrumenten

Bitcoin is, als virtuele valuta, niet in een hokje te plaatsen. Zo zijn sommige vermogensbeheerders van mening dat virtueel geld niet kan worden beschouwd als een goede belegging voor vaders en evenmin kan worden vergeleken met goud, wegens het gebrek aan inkomsten.

Volgens SEC-voorzitter Jay Clayton is "Initial Coin Offering" minder beschermd dan traditionele effecten, waardoor meer marktmanipulatie en zwendel mogelijk is: Voor hem is, net als bij andere beleggingen, uiterste voorzichtigheid geboden en men moet zich bewust zijn van het risico dat men alles verliest.

Er zijn geen ICO's geregistreerd bij de Amerikaanse federale regulator en toezichthouder op de financiële markten, en de registratie en verhandeling van op de beurs verhandelde producten die cryptografie bevatten, is niet goedgekeurd door de SEC.

Marktplatforms

Fiduciaire valuta's of cryptocurrencies kunnen worden ingewisseld tegen Bitcoins via verschillende beurzen of gespecialiseerde uitwisselingsplatforms die actief zijn op het internet, door overboekingen via een bankoverschrijving. De makelaarskosten zijn over het algemeen zeer laag en de gebruikers moeten hun identiteit aantonen.

Escrow-platforms verbinden kopers en verkopers om Bitcoins te ruilen voor contant geld, postwissels of bankoverschrijvingen.

Bij eenmalige verkooppunten kan tegen betaling van een vergoeding in Bitcoins worden betaald door het overeenkomstige bedrag in euro's van bank- of prepaidkaarten af te schrijven.

Tenslotte zijn er automaten die over het algemeen een hogere commissie vragen.

Sinds november 2016 bieden de Zwitserse Federale Spoorwegen, in samenwerking met SweePay, de aankoop van Bitcoin aan bij hun treinkaartjesautomaten, waardoor het grootste Bitcoin-distributienetwerk ter wereld is ontstaan.

Financiering

Sommige brokers bieden nu de mogelijkheid om Bitcoin te noteren, terwijl sommige platforms de mogelijkheid bieden om de cryptocurrency short te kopen of te verkopen of om een hefboom te gebruiken.

Complexe financiële instrumenten, zoals beleggingsfondsen, ontwikkelen zich.

Het gebruik van gevestigde financiële tussenpersonen maakt transacties veiliger, aangezien deze operatoren onderworpen zijn aan strenge regelgevingsregels; de volatiliteit die kenmerkend is voor op bitcoin gebaseerde financiële instrumenten kan echter leiden tot verliezen die even hoog zijn als de winsten die kunnen worden gemaakt.

Wettelijk kader

De juridische aard van Bitcoin is niet eenduidig geregeld.

De internationale dimensie van Bitcoin sluit, gelet op het regionale karakter van de rechtskaders, bij de huidige stand van het recht een mondiale juridische reactie uit.

De G20 was met name van oordeel dat, indien crypto-actieven problemen opleveren met betrekking tot de bescherming van consumenten en beleggers, marktintegriteit, belastingontduiking, witwassen van geld en financiering van terrorisme, zij door de staten moeten worden beheerd en niet door de G20 zelf.

Europese Unie

Volgens de Europese Centrale Bank is de uitgebreide bancaire en financiële regelgeving die van de EU-lidstaten wordt geëist, niet van toepassing op Bitcoin.

De Europese Bankautoriteit heeft consumenten gewaarschuwd voor de risico's van Bitcoin en beschouwt cryptocurrencies als "virtuele representaties" van geld. Zij heeft op 4 juli 2014 ook aanbevolen dat Europese banken en financiële instellingen geen gebruik maken van Bitcoin en er geen diensten rond aanbieden.

Op 22 oktober 2015 heeft het Hof van Justitie van de Europese Unie bevestigd dat transacties waarbij Bitcoin wordt ingewisseld tegen traditionele valuta, zijn vrijgesteld van btw, omdat Bitcoin wordt beschouwd als een "virtuele valuta" en niet als een goed of dienst.

Algerije

Algerije verbiedt Bitcoin in artikel 117 van de financiële wet van 2018.

Australië

In december 2013 zei de gouverneur van de centrale bank van Australië in een interview over de legaliteit van Bitcoin: "Niets zou mensen ervan weerhouden om te besluiten in een winkel transacties in een andere valuta te verrichten als ze dat zouden willen. Daar is geen wet tegen, dus hebben we concurrerende munteenheden. »

Australië heeft officieel bevestigd dat bitcoin op [1] juli 2017 als zilver zal worden behandeld en niet langer dubbel zal worden belast.

België

De minister van Financiën heeft aangegeven dat overheidsinterventie met betrekking tot het Bitcoin-systeem op dit moment niet nodig lijkt te zijn.

In een persbericht verklaarde de Belgische centrale bank dat "de bedreigingen voor de monetaire stabiliteit die uitgaan van door particuliere spelers uitgegeven digitale munten, momenteel vrij beperkt zijn in hun gebruik als ruilmiddel, zodat hun invloed op de financiële voorwaarden in de economie gering is".

China

Op 5 december 2013 verbood de Chinese Centrale Bank lokale banken om te handelen in Bitcoin, een maatregel die een crash in de waarde van de virtuele munt veroorzaakte. BTC China, 's werelds grootste Bitcoin-handelsplatform, verbiedt gebruikers nieuwe stortingen in Yuan op hun rekeningen te doen "vanwege nieuwe overheidsvoorschriften". Op 8 januari 2014 verbood de Chinese groep Ali Baba betalingen in Bitcoin, in overeenstemming met nieuwe Chinese regelgeving. Een circulaire van 4 september 2017 leidt ofwel tot de sluiting van wisselplatforms, ofwel tot de stopzetting van de aanvaarding van fiatvaluta's. In februari 2018 kondigt de Chinese regering aan dat zij van plan is het verbod te versterken door alle Chinese of buitenlandse bitcoinbeurswebsites te censureren.

Zuid-Korea

Bitcoin en cryptocurrencies zijn legaal en erkend als financiële instrumenten.

Er zijn geen beperkingen op het bezit en de uitwisseling van Bitcoin tussen individuen. Handelsplatforms moeten ervoor zorgen dat zij ten minste 500 miljoen Koreaanse won bezitten om handelaren en bedrijven te beschermen tegen verduistering en fraude.

De regering van Zuid-Korea heeft overeenkomsten gesloten met 14 uitwisselingsplatforms voor "virtueel geld", *currency exchanges* genaamd, die alleen gebruikers van wie de identiteit wordt gecontroleerd door een financiële speler zoals een bank, toestaan deze platforms te gebruiken.

De Zuid-Koreaanse staat regelt ook het volgende:

- verbod voor minderjarigen om geld te wisselen;
- belasting op winsten uit de verkoop van bitcoin;
- verbod op ICO .

Verenigde Staten

Het parlementaire verslag van senator Tom Carper geeft een eerste overzicht van de juridische kwesties rond Bitcoin.

In het verslag wordt geconcludeerd dat bitcoin van economisch belang is en dat de ontwikkeling ervan moet worden gereguleerd om de specifieke risico's ervan in te dammen. Evenmin biedt het een vaste juridische definitie van bitcoin.

Op 26 februari 2014 riep de Amerikaanse senator Joe Manchin op tot een verbod op bitcoin in de Verenigde Staten vanwege de ongecontroleerde volatiliteit en het risico dat het kan worden gebruikt voor illegale doeleinden, waaronder het witwassen van geld. Vooralsnog zijn de

Verenigde Staten van mening dat virtuele valuta's die naar het model van de Bitcoin zijn ontwikkeld, geen juridische waarde hebben, maar activa zijn die aan belasting kunnen worden onderworpen.

Op 10 december 2017 heeft de Chicago Stock Exchange Bitcoin geïnstitutionaliseerd.

In 2018 hebben de autoriteiten - waaronder de Securities and Exchange Commission, en de Commodity Futures Trading Commission - verschillende spelers vervolgd die zwendelpraktijken uitvoerden, zoals het vooruitzicht bieden om geld te verdienen met Bitcoin of binaire opties.

Indonesië

De Centrale Bank van Indonesië heeft geen gedetailleerd beleid om het gebruik van bitcoin te reguleren of te verbieden.

Japan

De Centrale Bank van Japan erkent Bitcoin en cryptocurrency officieel als betaalmiddel).

Luxemburg

In februari 2014 heeft de Commissie van toezicht op de financiële sector een mededeling gepubliceerd waarin de status van Bitcoin en andere cryptocurrencies als munteenheden wordt erkend.

In oktober 2015 heeft het ministerie van Financiën een eerste bankbetalingsvergunning aan SnapSwap verleend. De regering heeft aangegeven dat zij de ontwikkeling van deze technologie actief steunt.

Maleisië

De Centrale Bank van Maleisië heeft op 3 januari 2014 een verklaring afgelegd dat Bitcoin in Maleisië niet als wettig betaalmiddel wordt erkend en dat zij Bitcoin-transacties niet zal reguleren, omdat gebruikers zich bewust moeten zijn van de risico's die aan het gebruik van Bitcoin verbonden zijn.

Marokko

Op 20 november 2017 verklaart het Marokkaans wisselkantoor dat transacties via virtuele valuta's een inbreuk vormen op de deviezenregelgeving, die met sancties en boetes kan worden bestraft.

Nieuw Zeeland

De Centrale Bank van Nieuw-Zeeland verklaart: "Niet-bancaire entiteiten behoeven geen goedkeuring van de centrale bank voor regelingen die betrekking hebben op de opslag en/of overdracht van waarde, zolang er geen sprake is van de uitgifte van valuta in omloop.

Nederland

Cryptocurrencies zoals Bitcoin zijn legaal en er zijn voorzieningen getroffen om het witwassen van geld via deze munten te voorkomen.

Filippijnen

Cryptocurrencies zijn gelegaliseerd en de handel wordt gereguleerd door de Centrale Bank van de Filipijnen. De eerste twee licenties voor lokale uitwisselingsplatforms werden in augustus 2017 verleend.

Verenigd Koninkrijk

Bitcoin wordt beschouwd als "privé-geld". Wanneer cryptocurrencies worden ingewisseld voor Britse ponden of andere fiduciaire valuta's, zoals de euro of de dollar, is geen btw verschuldigd. BTW is echter van toepassing op alle goederen en diensten die voor Bitcoins kunnen worden ingewisseld. Winsten en verliezen op cryptocurrencies zijn onderworpen aan vermogenswinstbelasting.

Rusland

Op 6 februari 2014 verklaart Rusland de munt illegaal op zijn grondgebied, met het argument dat de enige officiële munteenheid in Rusland de roebel is en dat geen andere munteenheid legaal in het land kan worden gebruikt. Vanaf november 2016 verklaarde het echter dat het volgens de Federale Belastingdienst van Rusland "niet illegaal" was.

Singapore

In december 2013 bevestigde de Monetaire Autoriteit van Singapore dat de handel in goederen en diensten voor Bitcoins een vorm van handel is waarvoor de autoriteit niet bevoegd is om in te grijpen.

In januari 2014 vaardigde de binnenlandse belastingdienst van Singapore een reeks belastingrichtlijnen uit volgens welke Bitcoin-transacties als ruilhandel kunnen worden beschouwd als ze worden gebruikt als betaalmiddel voor echte goederen en diensten. Bedrijven die handelen in bitcoin zullen worden belast op basis van hun omzet.

Zwitserland

In Zwitserland heeft de Federale Raad Bitcoin beschouwd als een virtuele munt van marginaal gebruik, en als zodanig is zij in beginsel onderworpen aan de wetgeving van de gewone munteenheden. Zij beveelt echter aan dat de autoriteiten en de verantwoordelijke consumentenbeschermingsorganisaties Bitcoin-gebruikers tot voorzichtigheid manen.

Volgens hem kan de uitvoering van in virtuele valuta's gesloten overeenkomsten in beginsel worden gewaarborgd en zijn inbreuken die met deze valuta's worden gepleegd, strafbaar.

Zo vallen de professionele handel in virtuele valuta's en de exploitatie van handelsplatforms in Zwitserland in wezen onder de toepassing van de witwaswet, die verificatie van de identiteit van de contractpartij en identificatie van de uiteindelijke begunstigde voorschrijft.

Vanuit Zwitsers oogpunt bestaan er echter geen internationale normen voor virtuele valuta's.

Thailand

Op 29 juli 2013 werd Thailand het eerste land dat het gebruik van bitcoin op zijn grondgebied verbood na een besluit van zijn Centrale Bank.

In 2016 gaf de Centrale Bank van Thailand aan dat bitcoin niet illegaal was, maar waarschuwde voor het gebruik ervan.

Tunesië

De gouverneur van de centrale bank van Tunesië, Chedly Ayari, heeft op 5 april 2016 bevestigd dat hij tegen Bitcoin is, vanwege het vermeende risico ervan voor de financiering van terrorisme. Zijn opvolger aan het hoofd van de Centrale Bank van Tunesië, Marouane Abassi, kondigde in april 2019 aan dat Tunesië "serieus de mogelijkheid bestudeert om een Bitcoin-soevereine obligatie uit te geven".

Vietnam

Cryptocurrencies zoals Bitcoin zijn niet gereguleerd. In december 2016 bevestigde de regering de ontwikkeling van een juridisch kader dat naar verwachting in december 2017 voltooid zal zijn.

Relevantie van de afdeling

Bitcoin zal altijd blijven bestaan, of het nu verboden is of geadviseerd wordt door de autoriteiten, het enige wat u hoeft te doen is een kabel- of satellietverbinding met het internet te maken om een transactie in uw grootboek te maken. Bovendien kunnen mensen die in landen wonen die vijandig staan tegenover Bitcoin, een methode gebruiken zoals die bijvoorbeeld door Samurai of Wasabi wordt aangeboden, om te voorkomen dat ze worden opgespoord.

Terrorisme en nationale veiligheid

Debat over terrorisme

Er zijn verschillende meningen geuit over het werkelijke of vermeende verband tussen Bitcoin en terrorisme.

Bitcoin is herhaaldelijk gepresenteerd als een instrument dat kan worden gebruikt voor de financiering van terrorisme:

- in de Verenigde Staten, door Elizabeth Rosenber, voormalig raadsvrouw van Financiën.
- in België, door de voorzitter van de Eenheid Financiële Informatieverwerking Philippe De Koster ;
- in Marokko, door Abdellatif Jouahri, Wali van Bank Al-Maghrib ;
- in Duitsland, door de CSU;

Deze aantijgingen die Bitcoin in verband brengen met terrorisme zijn echter niet gevonden door wetshandhavingsinstanties, volgens een Europol-rapport van januari 2016.

Vermeende risico's

Vanaf het begin is Bitcoin het onderwerp geweest van vele discussies, zowel technisch als economisch en zelfs politiek.

Een aantal voor- en nadelen werd besproken. Sommige van deze opmerkingen zijn niet noodzakelijk specifiek voor

90

Bitcoin en kunnen worden toegepast op andere betalingssystemen met soortgelijke kenmerken.

Recentelijk is echter gebleken dat er weinig of geen inzicht bestaat in de aard en omvang van de risico's die aan bitcoin verbonden zijn.

Bitcoin heeft, net als de meeste bestaande cryptosystemen, geen subjectieve activa of garanties. Wie Bitcoin koopt, betaalt uitsluitend aan de verkoper. De waardestijging van de munt is dus uitsluitend het gevolg van de voortdurende aanwezigheid van een stroom kopers die de prijs ervan kunnen ondersteunen. Bij nader inzien lijkt de werking van Bitcoin dus veel meer op die van een piramidesysteem dan op die van een monetair systeem.

Volatiliteit

- Bitcoin is een volatiele munt omdat het aantal munten beperkt is ten opzichte van de groeiende vraag.
- De cursus evolueert naargelang het actuele nieuws over cryptocurrencies.
- Cryptocurrency's zweven net als elke andere valuta en schommelen anders ten opzichte van verschillende valuta's.

Onomkeerbaarheid
Een Bitcoin-transactie is onomkeerbaar en kan niet worden teruggedraaid.
Beveiligingsfout in de technologie of in de manier waarop gebruikers die gebruiken

- Slecht met paswoorden beveiligde portefeuilles.
- Er worden nieuwe functies ontwikkeld om valuta toegankelijker te maken.

- De technologie is kwetsbaar voor denial-of-service-aanvallen en 51%-aanvallen.

Afhankelijkheid van internet

Het Bitcoin-protocol is een overlay van het IP-protocol, dat de basis vormt van hoe het internet werkt. Bij een internetstoring of als een regering netneutraliteit niet bevordert/verdedigt, kan het Bitcoin-protocol worden vertraagd of zelfs volledig worden geblokkeerd door internetproviders of een staat. Tenzij de gebruiker een van Blockstreams satellieten gebruikt.

Technische beperkingen

Gigantisme

- De omvang van de databank is zeer snel gegroeid en vereist meerdere gigabytes geheugen op een harde schijf. Sommige deskundigen hebben zich vragen gesteld over de toekomstige omvang van deze databank en bespreken mogelijke oplossingen om schijfruimte te besparen, zoals het snoeien van de oudste transacties die de Merkle-boom vormen, hoewel dit niet nodig lijkt gezien de vooruitgang die op het gebied van opslag is geboekt.
- Hogere bandbreedtevereisten om alle blokken in de blokketen te laden.
- De grootte van het blok: Bitcoin-"superknooppunten" zijn bedoeld om de verspreiding van informatie door de knooppunten van het netwerk te vergemakkelijken, die moeite hebben om de toenemende omvang van de databank bij te houden. Volgens sommige deskundigen kan de Wet van Moore de groei van

netwerken met behulp van personal computers helpen volgen.

Institutioneel risico

Om cryptovaluta om te zetten in vreemde valuta is het vaak nodig om via een handelsplatform te gaan dat wordt beheerd door particuliere bedrijven die potentieel kwetsbaar zijn voor faillissement of faillissement, zoals gebeurde in Mt. Gox. Het is echter mogelijk om uw Bitcoins in te wisselen voor geld, goud of een dienst om deze valkuil te vermijden.

Milieueffecten en -risico's

Zij houden verband met het elektriciteitsverbruik dat door de mijnbouw wordt gegenereerd en dat naar schatting tussen 0,15% en 0,32% van het mondiale elektriciteitsverbruik vertegenwoordigt. Zij zijn laag wanneer de elektriciteit wordt geproduceerd uit hernieuwbare energiebronnen, maar hoog voor fossiele brandstoffen. Er worden steeds meer serverparken geïnstalleerd in landen met een koud klimaat en goedkope hernieuwbare energie, zoals Canada en IJsland.

Uit een studie over de herkomst van de door de mijnbouwbedrijven verbruikte elektriciteit blijkt dat 74,1% van de verbruikte energie afkomstig is van hernieuwbare energiebronnen.

Anderzijds leidt mijnbouw tot een aanzienlijk gebruik van grafische kaarten en computeronderdelen die zeldzame en niet-recycleerbare metalen bevatten. Bitcoin droeg zo bij tot het tekort aan grafische kaarten eind 2020 en begin 2021.

Ethische risico's

Kritiek op de filosofie en het economisch concept van Bitcoin, in vergelijking met staatsvaluta's of de goudstandaard.

Bitcoin zou de vroege kopers van de munt bevoordelen. Deze bewering wordt soms bevestigd door sommige studies die aantonen dat de verdeling van de rijkdom in Bitcoin zeer ongelijk is, en soms weerlegd door andere.

Frauderisico's, systeemrisico's en speculatieve risico's

- Er is gesuggereerd dat Bitcoin kan worden vergeleken met een Ponzi scheme, maar dit is niet van toepassing: de prijs van cryptogeld is een evenwicht tussen kopers die de munt willen kopen en verkopers die hem willen verkopen. In een Ponzi schema betalen de nieuwkomers de oudkomers.
- Toen de prijs van Bitcoin de $1.200 bereikte, werd er in sommige artikelen naar verwezen als tulpenwaanzin.
- Charles Stross en Paul Krugman hebben zich uitgesproken tegen Bitcoin.
- De Bitcoin-technologie is door de georganiseerde misdaad gekaapt als het enige betaalmiddel op Silkroad.

Vermeende voordelen

Flexibiliteit en veelzijdigheid

Met Bitcoin is het mogelijk geld te versturen en te ontvangen, door het om te zetten in virtuele valuta:

- over de hele wereld;
- op elk moment, ongeacht feestdagen;
- bijna onmiddellijk: de transacties zijn zeer snel, van enkele seconden tot enkele uren;

- zonder beperking: in tegenstelling tot een bank die dagelijkse of maandelijkse plafonds vaststelt;
- onafhankelijk van het valutabeleid van monetaire autoriteiten, aangezien de uitgifte van Bitcoins wordt beschreven in de softwarebroncode en de goedkeuring vereist van meer dan 50% van de rekenkracht.

Beveiliging

- In principe kunnen alleen gebruikers opdracht geven tot de uitvoering van een transactie.
- De transactie is onomkeerbaar, hetgeen een bescherming is voor de verkoper, die na de verzending van het goed of de dienst niet door de koper kan worden afgewezen.
- Handelaren mogen geen extra kosten in rekening brengen zonder de koper daarvan vooraf in kennis te stellen.
- Cryptografie is ongrijpbaar als het voldoende beschermd is.
- Het protocol is voor een individu, organisatie of regering zeer moeilijk te manipuleren omdat het in de broncode van de software is geschreven en vereist dat meer dan 50% van de entiteiten die de blokken ondermijnen, deze wijzigingen aanvaarden.

Transactionele transparantie

- Alle afgeronde transacties zijn beschikbaar en door iedereen doorzoekbaar op het openbare register van de blokketen.
- Iedereen kan de transacties op elk moment controleren.

- Transactieoverdrachten kunnen van adres tot adres worden getraceerd.

Veilige investering

- Bitcoin behoudt zijn waarde ten opzichte van munteenheden die aan sterke inflatie onderhevig zijn.

Brede verspreiding
Het betaalprotocol is geleidelijk ingeburgerd geraakt bij handelaren en blijft snel groeien.

Robuustheid
Ondanks verschillende crisissen heeft cryptogeld bewezen veerkrachtig te zijn.

Relevantie van het concept
Het concept achter open virtuele valuta's wordt ook overwogen door banken, financiële instellingen en monetaire autoriteiten die wettelijk veilige gereguleerde virtuele valuta's zouden kunnen ontwikkelen.
Technologie is van toenemend belang voor banken en officiële monetaire autoriteiten.

Kritiek en meningen

Meningen

Economen hebben verschillende meningen over Bitcoin geuit.

Voor de Amerikaanse Nobelprijswinnaar voor de economie Joseph Stiglitz is Bitcoin een zeepbel die heel spannend blijft zolang hij eerst stijgt voordat hij weer daalt. Voor hem heeft het geen maatschappelijk nuttige functie. Het succes is te danken aan zijn vermogen om te omzeilen. Daarom vindt hij dat Bitcoin verboden moet worden.

De Franse Nobelprijswinnaar voor economie Jean Tirole waarschuwt dat Bitcoin "een goed zonder intrinsieke waarde" is, "zonder economische realiteit". Hij twijfelt op basis van twee criteria: is het een levensvatbare munt op lange termijn? Draagt het bij aan het algemeen welzijn? Wat de levensvatbaarheid betreft, is Jean Tirole bijzonder kritisch over de beursgang van drie miljard dollar in 2017. Aangekondigd als een instrument van financiële desintermediatie, veronachtzamen de ICO's volgens hem de grondbeginselen van financiën: het gebruik van betrouwbare en goed gekapitaliseerde tussenpersonen om projecten te controleren, wat niet het geval is voor sommige Bitcoin-spelers die omringd zijn door geheimzinnigheid. Voor de econoom is de sociale rol van Bitcoin "ongrijpbaar". Bitcoin is geconcentreerd in particuliere handen voor fraude in het algemeen en belastingontduiking in het bijzonder.

Bill Gates, Jack Dorsay, Richard Branson, Chamath Palihapitiy, de gebroeders Winklevoss en een reeks andere miljardairs zien Bitcoin als onvermijdelijk.

De Amerikaanse Nobelprijswinnaar voor economie Paul Krugman had in 2013 in de *New York Times* al geoordeeld dat "Bitcoin Evil is".

Volgens Randall Quarles van de Amerikaanse centrale bank wordt Bitcoin niet gedekt door veilige activa, heeft het geen intrinsieke waarde en wordt het niet uitgegeven door een gereguleerde bankinstelling.

De econoom Thomas S. Umlauft van de Universiteit van Wenen:

1. Ontkent Bitcoin de essentiële kenmerken van een valuta: Bitcoin voldoet, net als andere cryptocurrencies, niet aan de eisen van de twee heersende scholen met betrekking tot het ontstaan en de aard van geld - volgens de orthodoxe school

97

een intrinsieke waarde, of volgens de heterodoxe school, een ondersteuning door een staat ;

2. Bevestigt dat de hoge limiet van 21 miljoen Bitcoin ook intrinsiek een factor is die verhindert dat Bitcoin een munt wordt, aangezien geen enkele andere munt een bovengrens heeft;

3. Verklaart dat de huidige waarde van Bitcoin alleen te wijten is aan een cognitieve bias van beleggers, die van mening zijn dat Bitcoin een waarde heeft, als gevolg van de investering die nodig is voor het delven, terwijl het ontbreekt aan intrinsiek nut, de uiteindelijke waarde van deze cryptocurrencies kan alleen maar neigen naar nul.

Bitcoin zou een "pump and dump" zwendel zijn.

Bill Harris, voormalig CEO van PayPal, zegt "Bitcoin is de grootste zwendel in de geschiedenis" en bekritiseert met name het fenomeen *pump and dump, waarbij de* prijs van een cryptovaluta op een gecoördineerde manier met een groep mensen wordt gemanipuleerd om tegen lage prijzen te kopen, de prijs te verhogen en tegen de hoogste prijs door te verkopen. Aangezien de stijging kunstmatig is, keert de waarde vervolgens terug naar de oorspronkelijke prijs, en degenen die op de top hebben gekocht, verliezen geld.

Ethereum

Ethereum is een gedecentraliseerd uitwisselingsprotocol dat de creatie van intelligente contracten door gebruikers mogelijk maakt dankzij een volledige Turing-complete taal. Deze intelligente contracten zijn gebaseerd op een computerprotocol dat het mogelijk maakt een wederzijds contract te verifiëren of uit te voeren. Ze worden ingezet en zijn publiekelijk beschikbaar in een blockchain.

Ethereum gebruikt een rekeneenheid genaamd **Ether** als betaalmiddel voor deze contracten. Het overeenkomstige acroniem, gebruikt door de uitwisselingsplatformen, is "ETH". Ethereum is de op één na grootste gedecentraliseerde cryptovaluta met een kapitalisatie van meer dan 37 miljard euro in november 2020.

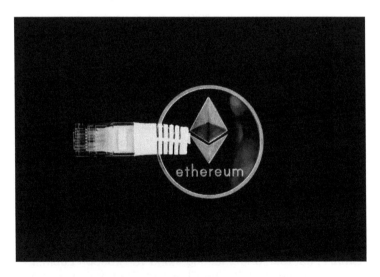

In juli 2016 moest het ontwikkelingsteam van Ethereum een hard fork maken na een succesvolle aanval van een groep hackers op een Ether beleggingsfonds genaamd The DAO waarbij bijna 3.641.694 ETH werden gekaapt naar een ongecontroleerd adres door leden van The DAO. Deze hard fork maakte het mogelijk om de verduistering ongedaan te maken en de fondsen terug te geven aan de gedecentraliseerde autonome organisatie. Toch was er geen absolute consensus over deze verandering en een klein deel van de gemeenschap voerde deze verandering niet door, wat leidde tot de vorming van twee afzonderlijke blokketens: een officiële met de Ether als munteenheid en zijn spin-off met de klassieke Ether als munteenheid.

Geschiedenis

Oorsprong en lancering

Programmeur Vitalik Buterin ontdekt cryptografie met Bitcoin in 2011 en besluit een nieuw protocol te maken met een "Turing-Complete" taal in plaats van de structuur van Bitcoin omslachtiger te maken, het idee van Ethereum is geboren. In december 2013 publiceert Vitalik Buterin een beschrijving van zijn Ethereum-project in de vorm van een witboek met als doel gedecentraliseerde toepassingen te lanceren. Begin 2014 zet hij de eerste Ethers op voorschot om de ontwikkeling van het project te financieren. De verkoop stelde hem in staat om 31.591 bitcoins te innen die op dat moment meer dan 18 miljoen dollar waard waren, voor 60 miljoen verkochte Ethers. De Ethereum blokketen werd gelanceerd op 30 juli 2015, maar Buterin was oorspronkelijk niet van plan om een crypto-money te creëren.

De eerste versie van de software, *Frontier* genaamd, werd ontwikkeld door het Zwitserse bedrijf Ethereum Switzerland GmbH , dat toen onder leiding stond van Joseph Lubin. Een ander Zwitsers bedrijf, The Ethereum Foundation, een non-profit organisatie, werd ook opgericht om de ontwikkeling van deze nieuwe munt te bevorderen.

In maart 2016 is de nieuwe versie van de software *Homestead genoemd.*

De volgende versies van *Metropolis* gevolgd door *Serenity zijn in* ontwikkeling.

DeDAO en zijn hacking

In mei 2016 werd een gedecentraliseerde autonome organisatie opgericht om fondsen te werven, in de vorm van Ether, om projecten te financieren die gebruik maken van de Ethereum-blokketen. Deze creatie werd alom geprezen door de gemeenschap en haar investeerders door het verzamelen van meer dan 12.000.000 ether voordat een maas in de code van *TheDAO werd* uitgebuit door piraten die op 17 juni 2016 bijna een derde van de activa van het project hebben omgeleid naar een kloon waarin, volgens *TheDAO's* eigen regels, de fondsen als voorzorgsmaatregel voor een maand zijn bevroren.

Gedurende deze tijd debatteerden de Ethereum-gemeenschap en haar oprichters over de beste methode om de onttrokken Ether al dan niet terug te krijgen en of *TheDAO* geliquideerd moest worden. Zij besloten het investeringsfonds te liquideren en de blokketen te herprogrammeren om de gevolgen van de piraterij ongedaan te maken en het investeringsfonds opnieuw te crediteren met de gestolen fondsen om uiteindelijk de investeerders terug te betalen.

Ongeveer 15% van de rekenkracht van de Ether-mijnwerkers weigerde echter om deze verandering door te voeren, wat resulteerde in de creatie van twee afzonderlijke blokketen, een officiële en ondersteund door de ontwikkelaars, en de andere onofficiële met de *klassieke* Ether-munt waarin hackers de munt gekaapt houden van *TheDAO.* Deze nieuwe munt staat dus los van de Ether en vormt een nieuwe cryptocurrency met weinig rekenkracht, waardoor hij potentieel kwetsbaarder is voor een 51%-aanval.

Vóór de implementatie van de herprogrammering van de blokketen werd daarom elk adres dat Ether had, gedupliceerd met hetzelfde bedrag in ETH in de officiële blokketen en hetzelfde bedrag in ETC in de uitgaande blokketen. De ETC, een nieuwe cryptocurrency, kan alleen worden gebruikt op de blokketen die wordt ondersteund door het sedition miner netwerk en de ETH kan alleen worden gebruikt op de officiële geherprogrammeerde blokketen. In het geval van een splitsing van een blokketen in twee, kunnen gebruikers kwetsbaar zijn voor replay-aanvallen waarbij een aanvaller een transactie onderschept op een van de ketens en deze opnieuw uitzendt op de tweede. Aangezien de particuliere sleutel van de gebruiker op beide ketens dezelfde is, zal de handtekening van de initiële transactie ook op beide ketens geldig zijn.

Eind september 2016 vertegenwoordigde de waarde van conventionele ether ongeveer 10% van de waarde van ether op de beurzen die ermee instemden om dit nieuwe cryptogeld te verhandelen, na een introductie op ongeveer 3% en een piek op meer dan 45% begin augustus 2016.

Gedecentraliseerde samenwerkingen

Ethereum maakt het mogelijk nieuwe vormen van samenwerking tot stand te brengen dankzij de verlaging van de transactiekosten, in de economische zin van het woord, tussen werknemers.

Algemene kenmerken

Het allereerste blok genaamd *"genesis blok"* is gemaakt op 30 juli 2015. Het verdeelt de 60 miljoen Ethers uit de voorverkoop en 12 miljoen Ethers aan de ontwikkelaars. Sindsdien is het vrijgeven van nieuwe Ethers alleen mogelijk door *het "delven" van de* blokken, een proces waarbij transacties worden geverifieerd, vastgelegd en beveiligd in de *"blockchain"*. De software betaalt de mijnwerkers 2 Ethers per gemijnd blok, d.w.z. gemiddeld elke 13 seconden, wat neerkomt op een emissie van meer dan 5 miljoen nieuwe Ethers per jaar.

Het is de bedoeling om in 2018, in een latere versie van de software genaamd *Serenity,* het mijnbouwproces te veranderen van het huidige *Proof-of-Work* type naar een *Proof-of-Stake* type mijnbouw om het elektriciteitsverbruik van het Ethereum netwerk te beperken. Deze update zal ook wijzigingen omvatten betreffende de emissie van ethers. De beloning van de mijnwerkers moet waarschijnlijk omlaag, maar over deze kwestie is nog geen besluit genomen door de ontwikkelaars.

De Ether kan worden onderverdeeld in verschillende veelvouden en subveelvouden :

Net als bij Bitcoin kunnen Ethers in een portemonnee worden opgeslagen. Deze is verbonden met een publieke sleutel, alsook een private sleutel.

Kosten van het uitvoeren van slimme contracten

Voor de uitvoering van een smart contract, of het nu gaat om een eenvoudige Ether-overboeking tussen twee rekeningen of de uitvoering van meerdere regels code in een contract, moeten minderjarigen worden betaald voor de uitgevoerde taak. Deze vergoeding gebeurt in Ether op een infinitesimale schaal en wordt dan gas genoemd. Elke bewerking op de *Ethereum-blokketen* "kost" gas dat overeenkomt met de inspanning die nodig is om deze bewerking te verwerken. De prijs van gas evolueert volgens de markt: elke mijnwerker kan zijn prijs bepalen en komt overeen met het aantal Ether dat hij wenst te ontvangen voor de inspanning die hij levert.

In juni 2016 bedroeg de gemiddelde gasprijs 0,0000000225 Ether. Zo komt een basisoverdrachttransactie tussen twee adressen waarvoor 21.000 gassen nodig zijn, overeen met een gemiddelde kostprijs van 0,00047 Ether aan verwerkingskosten. Dit systeem maakt het met name mogelijk :

- slecht presterende of gierige mijnwerkers te weigeren snel met te zware operaties om te gaan door hoge gasprijzen te eisen;
- te voorkomen dat bepaalde contracten te duur worden wanneer de etherprijs stijgt; het aantal gassen dat nodig is voor de uitvoering wordt bepaald door de complexiteit van de operaties, terwijl de prijs van het gas kan worden aangepast aan de etherprijs;
- om te voorkomen dat een oneindige lus in een code eeuwig doorloopt, want op het moment dat al het in de transactie geleverde gas is verbruikt, stopt de miner met de verwerking van de transactie en annuleert hij deze

De gebruiker kiest de prijs die hij bereid is te betalen: als hij minder betaalt dan de gemiddelde prijs, zal de uitvoering van zijn contract veel langer duren omdat alle meer lonende transacties met voorrang worden uitgevoerd.

Ripple

Ripple is een real-time bruto-vereveningssysteem, valutamarkt en overboekingsnetwerk van Ripple. Ook bekend als het Ripple *Transaction Protocol* of **Ripple Protocol,** is het gebouwd op een gedistribueerd en open source internet protocol, een consensus register en een eigen valuta genaamd **XRP.** Het Ripple-netwerk, dat in 2012 werd gelanceerd, wil "veilige, onmiddellijke en vrijwel gratis wereldwijde financiële transacties van elke omvang zonder terugboekingen" mogelijk maken. Het ondersteunt elk contant geld, cryptocurrency, gemak of elke andere eenheid van waarde, zoals airmiles, mobiele minuten,.... In de kern is Ripple gebaseerd op een gedeelde openbare databank of register, dat gebruik maakt van een consensusproces dat betalingen, uitwisselingen en overmakingen in een gedistribueerd proces mogelijk maakt.

Het netwerk is gedecentraliseerd en kan zonder Ripple worden geëxploiteerd, het kan niet worden afgesloten. Validators zijn onder meer bedrijven, internet service providers en het Massachusetts Institute of Technology.

Het Ripple-protocol, dat wordt gebruikt door bedrijven als UniCredit, UBS en Santander, wordt door banken en betaalnetwerken steeds vaker gebruikt als technologie voor de afwikkelingsinfrastructuur. *American Banker* legt uit dat "vanuit het oogpunt van de banken gedistribueerde registers zoals Ripple een aantal voordelen hebben ten opzichte van cryptocurrency zoals bitcoin," waaronder prijs en veiligheid.

Geschiedenis

Begin van de ontwikkeling

De voorganger van het Ripple-betaalprotocol, Ripplepay, werd in 2004 ontwikkeld door Ryan Fugger een webontwikkelaar in Vancouver, British Columbia. Fugger bedacht het idee nadat hij had gewerkt aan een lokaal ruilsysteem in Vancouver, zijn bedoeling was om een monetair systeem te creëren dat gedecentraliseerd zou zijn en individuen en gemeenschappen in staat zou stellen om efficiënt hun eigen geld te creëren. Fuggers eerste versie van dit systeem, RipplePay.com, debuteerde in 2005 als een financiële dienst om veilige betalingsmogelijkheden te bieden aan leden van een online gemeenschap via een wereldwijd netwerk.

Dit leidde tot het ontwerp van een nieuw systeem door Jed McCaleb van het eDonkey-netwerk, dat werd ontworpen en gebouwd door Arthur Britto en David Schwartz. In mei 2011 begonnen zij met de ontwikkeling van een digitaal geldsysteem waarbij transacties werden geverifieerd door consensus onder de leden van het netwerk, in plaats van door het mijnbouwproces dat wordt gebruikt door bitcoin, dat is gebaseerd op blokketenregisters. Deze nieuwe versie van het Ripple-systeem had dan ook tot doel het gebruik van gecentraliseerde Bitcoin-beurzen uit te schakelen, minder elektriciteit te verbruiken dan Bitcoin en transacties veel sneller uit te voeren dan Bitcoin. Chris Larsen, die eerder de leendienstenbedrijven E-Loan en Prosper had opgericht, kwam in augustus 2012 bij het team, en samen benaderden McCaleb en Larsen Ryan Fugger met hun idee voor digitale valuta. Na gesprekken met leden van de Ripple-gemeenschap die al lang lid zijn, gaf Fugger de teugels over. In september 2012 was het team medeoprichter van het bedrijf OpenCoin· of OpenCoin Inc.

OpenCoin en Ripple Labs

OpenCoin is begonnen met de ontwikkeling van een nieuw betalingsprotocol, het *Ripple Transaction Protocol*, gebaseerd op concepten van Ryan Fugger. Het Ripple Transactie Protocol maakt de directe en onmiddellijke overdracht van geld tussen twee partijen mogelijk. Als zodanig kan het protocol de kosten en vertragingen van het traditionele correspondent banksysteem omzeilen· en kunnen alle soorten valuta worden gewisseld, waaronder US Dollars, Euro's, Yuan, Yen, Goud, Miles en Roepies. Om de veiligheid te handhaven heeft OpenCoin Ripple zo geprogrammeerd dat het vertrouwt op een gemeenschappelijk register dat wordt "beheerd door een netwerk van onafhankelijke validatieservers die voortdurend hun transactierecords vergelijken". De servers kunnen van iedereen zijn, ook van banken of market makers. Het bedrijf heeft ook zijn eigen vorm van digitale valuta gecreëerd, XRP genaamd, op een manier die vergelijkbaar is met Bitcoin, en gebruikt het om financiële instellingen geld te laten overmaken met verwaarloosbare kosten en wachttijden.

Onder de eerste investeerders in OpenCoin waren Andreessen Horowitz en Google Ventures. Op [1] juli 2013 werd XRP Fund II, LLC opgericht als een volledige dochteronderneming van OpenCoin, met hoofdkantoor in South Carolina. De volgende dag kondigde Ripple aan dat het de Bitcoin- en Ripple-protocollen aan elkaar zou koppelen via de Bitcoin Bridge. Met de Bitcoin Bridge kunnen Ripple-gebruikers een betaling in elke valuta naar een Bitcoin-adres sturen. Ripple heeft ook vroege partnerschappen ontwikkeld met bedrijven zoals ZipZap. Op 26 september 2013 veranderde OpenCoin Inc. zijn naam in Ripple Labs Inc, met Chris Larsen als algemeen directeur. Op dezelfde dag werd de client en server referentie-implementatie van Ripple vrije software, vrijgegeven als open source onder de voorwaarden van de ISC-licentie. Ripple Labs bleef de belangrijkste bijdrager aan de code van het consensuscontrolesysteem achter Ripple, dat kan "integreren met bestaande banknetwerken". In oktober 2013 ging Ripple verder met een meer geavanceerd partnerschap met ZipZap, waarbij de relatie in de pers een bedreiging voor Western Union werd genoemd.

Nadruk op de bankmarkt

In 2014 is Ripple Labs betrokken geweest bij verschillende protocol-gerelateerde ontwikkelingsprojecten, bijvoorbeeld het beschikbaar stellen van een iOS-clientapplicatie voor iPhone waarmee iPhone-gebruikers elke valuta kunnen verzenden en ontvangen via hun telefoons,,,,. Deze Ripple client applicatie bestaat niet meer. In juli 2014 stelde Ripple Labs Codius voor, een project om een nieuw intelligent contractsysteem te ontwikkelen dat "programmeertaal agnostisch" is.

Sinds 2013 is het protocol door een groeiend aantal financiële instellingen overgenomen als een "alternatieve overmakingsoptie" voor consumenten. Ripple maakt grensoverschrijdende betalingen mogelijk voor particuliere klanten, bedrijven en banken. Volgens Larsen "vereenvoudigt Ripple het proces door transparante overboekingen van punt naar punt te creëren waarbij banken geen bankcorrespondentiekosten hoeven te betalen. De eerste bank die Ripple gebruikte was de Fidor Bank in München, die het partnerschap begin 2014 aankondigde. Fidor is een uitsluitend in Duitsland gevestigde online bank. In september van hetzelfde jaar kondigden Cross River Bank in New Jersey en CBW Bank in Kansas aan dat zij het Ripple-protocol zouden gaan gebruiken. In december 2014 begon Ripple Labs samen te werken met de wereldwijde betaaldienst Earthport, waarbij Ripple-software werd gecombineerd met het betaaldienstensysteem van Earthport. Tot de klanten van Earthport behoren banken zoals Bank of America en HSBC, Earthport is actief in 65 landen. Het partnerschap markeert het eerste netwerkgebruik van het Ripple-protocol. Alleen al in december 2014 steeg de waarde van XRP met meer dan 200%, waardoor Ripple litecoin voorbijstreefde om de op een na grootste cryptocurrency te worden, en de marktkapitalisatie van Ripple op bijna een half miljard USD bracht.

In februari 2015 kondigde Fidor Bank aan dat het het Ripple-protocol zou gebruiken om een nieuw realtime internationaal netwerk voor geldovermakingen te implementeren, en eind april 2015 werd bekendgemaakt dat Western Union van plan was om Ripple te testen. Eind mei 2015 kondigde Commonwealth Bank of Australia aan dat het zou gaan experimenteren met Ripple voor interbancaire overschrijvingen. Sinds 2012 zijn vertegenwoordigers van Ripple Labs voorstander van overheidsregulering van de markt voor cryptocurrency's, met als argument dat de regelgeving bedrijven helpt groeien. Op 5 mei 2015 legde FinCEN Ripple Labs en XRP II een boete op van 700.000 dollar voor het overtreden van de Banking Secrecy Act, gebaseerd op de aanvullingen van het Financial Crimes Enforcement Network op de wet in 2013. Ripple Labs stemt vervolgens in met corrigerende maatregelen om naleving in de toekomst te garanderen, waaronder een overeenkomst om XRP-uitwisseling en Ripple Trade-activiteiten alleen toe te staan door geregistreerde geldtransactiekantoren, naast andere overeenkomsten was de verbetering van het Ripple-protocol. De verbetering houdt geen wijziging van het protocol zelf in, maar voegt in plaats daarvan antiwitwastoezicht op transacties via het netwerk toe en verbetert de analyse van transacties. In 2017 is de huidige versie van de server 0.70.1.

2015 en 2016 markeerden de expansie van Ripple met de opening van kantoren in Sydney, Australië in april 2015, gevolgd door Europese kantoren in Londen, VK in maart 2016 en Luxemburg in juni 2016. Veel bedrijven hebben vervolgens proeven en integraties met Ripple aangekondigd.

Op 13 juni 2016 ontving Ripple een licentie voor virtuele valuta van het New York State Department of Financial Services en werd daarmee het vierde bedrijf met een "BitLicense".

Op 19 augustus 2016 kondigt SBI Ripple Asia de oprichting aan van een Japans bankenconsortium in een nieuw netwerk dat gebruikmaakt van Ripple's betaal- en settlementtechnologie. Het consortium is op 25 oktober 2016 officieel van start gegaan met 42 aangesloten banken. In juli 2017 waren 61 Japanse banken toegetreden, goed voor meer dan 80% van de totale bankactiva in Japan.

Op 23 september 2016 kondigt Ripple de oprichting aan van de eerste interbancaire groep voor wereldwijde betalingen op basis van gedistribueerde financiële technologie. Per april 2017 zijn de leden van het netwerk dat bekend staat als de Global Payments Steering Group Bank of America Merrill Lynch, Canadian Imperial Bank of Commerce, Mitsubishi UFJ Financial Group, Royal Bank of Canada, Santander, Standard Chartered, UniCredit en Westpac Banking Corporation. De groep "zal toezien op de creatie en het onderhoud van Ripple-betalingstransactieregels, geformaliseerde normen voor de Ripple-business, en andere acties ter ondersteuning van de implementatie van Ripple-betalingsmogelijkheden.

Op 10 oktober 2017 kondigt Ripple partnerschappen aan met ongeveer 100 financiële instellingen. Deze banken of betalingsdienstaanbieders zullen nu de Ripple-technologie gebruiken om hun klanten een onmiddellijke wereldwijde betalingsdienst aan te bieden.

Concept

De Ripple-website beschrijft het open source protocol als "kerninfrastructuurtechnologie voor interbancaire transacties - een neutraal hulpmiddel voor financiële instellingen en systemen". Het protocol stelt banken en niet-bancaire financiële dienstverleners in staat het Ripple-protocol in hun eigen systemen te integreren, zodat hun klanten van de dienst gebruik kunnen maken. Momenteel vereist Ripple twee partijen om een transactie te laten plaatsvinden: ten eerste, een gereguleerde financiële instelling "houdt fondsen aan en geeft tegoeden uit namens klanten. Ten tweede verschaffen "market makers", zoals hedgefondsen of valutahandelsbeurzen, liquiditeit in de valuta die zij willen verhandelen. In de kern is Ripple gebaseerd op een gedeelde openbare databank of register waarvan de inhoud bij consensus wordt bepaald. Naast saldi bevat het register informatie over biedingen voor de aankoop of verkoop van valuta's en activa, waardoor de eerste gedistribueerde uitwisseling tot stand komt. Het consensusproces maakt betalingen, uitwisselingen en overmakingen in een gedistribueerd proces mogelijk. Volgens de CGAP in 2015 "doet Ripple voor betalingen wat SMTP voor e-mail heeft gedaan, namelijk de systemen van verschillende financiële instellingen in staat stellen rechtstreeks te communiceren.

Bij Ripple verrichten gebruikers betalingen aan elkaar met behulp van ondertekende cryptografische transacties, hetzij in contanten, hetzij in de interne valuta van Ripple. Voor transacties die in XRP luiden, kan Ripple gebruikmaken van zijn interne register, terwijl voor betalingen die in andere activa luiden, het Ripple-register alleen de verschuldigde bedragen registreert, waarbij de activa worden voorgesteld als schuldbewijzen. Aangezien Ripple oorspronkelijk alleen gegevens bijhield in zijn register en geen echte handhavingsbevoegdheden heeft, was vertrouwen noodzakelijk. Ripple is nu echter geïntegreerd met verschillende gebruikersverificatieprotocollen en bankdiensten. Gebruikers moeten aangeven welke andere gebruikers zij vertrouwen en voor welk bedrag. Wanneer een niet-XRP-betaling wordt gedaan tussen twee gebruikers die elkaar vertrouwen, wordt het wederzijdse kredietlijnsaldo aangepast, binnen de limieten die door elke gebruiker zijn ingesteld. Om activa te versturen tussen gebruikers die niet rechtstreeks een vertrouwensrelatie hebben opgebouwd, probeert het systeem een pad te vinden tussen de twee gebruikers zodat elke link in het pad tussen twee gebruikers is die een vertrouwensrelatie hebben. Alle balansen langs het pad worden dan gelijktijdig en atomair aangepast. Dit mechanisme waarbij betalingen worden verricht via een netwerk van vertrouwde partners wordt "*rippling*" genoemd. Het heeft gelijkenissen met het eeuwenoude Hawala-systeem.

Ontwerpkenmerken

Gateways

Een gateway is een persoon of organisatie die gebruikers in staat stelt om geld in te leggen in en op te nemen uit de liquiditeitspool van Ripple. Een gateway accepteert stortingen in vreemde valuta van gebruikers en geeft tegoeden uit in het gedistribueerde register van Ripple. Bovendien betalen de gateways de saldi in het register terug aan de deposito's die zij aanhouden wanneer het geld wordt opgenomen. In de praktijk zijn de gateways vergelijkbaar met banken, maar ze delen een wereldwijd register dat bekend staat als het Ripple-protocol. Afhankelijk van het type en de mate van interactie tussen een gebruiker en een gateway, kan de gateway anti-witwas- of KYC-regels hebben die verificatie van identiteit, adres, nationaliteit, enz. vereisen. Dit beleid is bedoeld om criminele activiteiten te voorkomen. Populaire gateways in 2017 zijn Bitstamp, Gatehub, Ripple Fox, Tokyo JPY, Mr. Ripple, RippleChina en The Rock Trading.

Lijnen van vertrouwen en *rimpeling*

Gebruikers moeten "het vertrouwen uitbreiden" naar de Ripple Gateway die hun repository beheert. Deze manuele creatie van een vertrouwenslijn vertelt het Ripple netwerk dat de gebruiker zich comfortabel voelt met het tegenpartijrisico van de gateway. Bovendien moet de gebruiker een kwantitatieve limiet instellen voor deze trust en een soortgelijke limiet creëren voor elke valuta die bij die gateway wordt gedeponeerd. Als een gebruiker bijvoorbeeld $50,00 en 2,00 BTC stort op Rock Trading, moet de gebruiker minstens evenveel vertrouwen hebben in beide munteenheden bij de gateway opdat de fondsen beschikbaar zouden zijn in het Ripple-netwerk. Wanneer een gebruiker meerdere gateways in dezelfde valuta heeft gemachtigd, is er een geavanceerde optie om "*rippling*" toe te staan, waardoor het saldo van de gebruiker in die valuta tussen de gateways wisselt. Hoewel hun totale saldo niet verandert, ontvangen gebruikers een kleine transitvergoeding voor het verschaffen van inter-gateway liquiditeit.

Solvabiliteit

Om dezelfde redenen als in het tijdperk van het vrije bankwezen in de Verenigde Staten kan de waarde van een munt sterk variëren naar gelang van de kredietwaardigheid van een toegangspoort. Een non-profit handelsvereniging, de International Ripple Business Association, zorgt voor uniforme procedures en openbaarmakingsnormen voor gateways,,. In juni 2015 voldeden vijftien bedrijven aan de IRBA-normen of overtroffen ze deze,,.

Consensusregister

Ripple vertrouwt op een gedeeld gemeenschappelijk register, een database waarin informatie over alle Ripple-rekeningen wordt opgeslagen. Het netwerk wordt "beheerd door een netwerk van onafhankelijke validatieservers die voortdurend hun transactierecords vergelijken. De servers kunnen eigendom zijn van iedereen, ook van banken of market makers. Hoewel het vrije software is, blijft Ripple Labs het Ripple-protocol ontwikkelen en promoten, dat financiële transacties bevestigt via een netwerk van gedistribueerde servers. Ripple Labs helpt momenteel banken bij de integratie met het Ripple-netwerk. Elke paar seconden wordt een nieuw register aangemaakt, en het laatst gesloten register is een perfecte registratie van alle Ripple-rekeningen zoals bepaald door het netwerk van servers. Een transactie is elke wijziging die in het register wordt voorgesteld en kan door elke server op het netwerk worden ingevoerd. De servers trachten consensus te bereiken over een reeks transacties die op het register moeten worden toegepast, waardoor een nieuw "laatst gesloten register" ontstaat.

Het consensusproces is gedistribueerd, en het doel van de consensus is dat elke server dezelfde reeks transacties toepast op het huidige register. Servers ontvangen voortdurend transacties van andere servers op het netwerk, en een server bepaalt welke transacties hij toepast op basis van de vraag of een transactie afkomstig is van een knooppunt dat is gespecificeerd in de "single node list" of UNL . Transacties die door een "gekwalificeerde meerderheid" van gelijken worden goedgekeurd, worden geacht te zijn gevalideerd. Als de gekwalificeerde meerderheid niet voor de consensus is, "impliceert dit dat het volume van de transacties te groot was of de netwerklatentie te groot voor het consensusproces om consistente voorstellen te produceren", dan wordt het consensusproces opnieuw door de knooppunten geprobeerd. Elke consensusronde vermindert de onenigheid tot een gekwalificeerde meerderheid is bereikt. Het verwachte resultaat van dit proces is dat betwiste transacties niet in de voorstellen worden opgenomen, terwijl algemeen aanvaarde transacties wel worden opgenomen. Hoewel gebruikers hun eigen UNL nodes kunnen samenstellen en volledige controle hebben over welke nodes ze vertrouwen, erkent Ripple Labs dat de meeste mensen de standaard UNL zullen gebruiken die door hun client wordt geleverd.

Beveiliging van het register

Begin 2014 kreeg een rivaliserend bedrijf, de Stellar Foundation, te maken met een netwerkstoring. Het bedrijf vroeg David Mazieres, wetenschappelijk directeur van Stellar en hoofd van de secure computing groep aan de Stanford University, om een review uit te voeren van het consensussysteem van Stellar, dat vergelijkbaar was met het systeem van Ripple. Mazieres zei dat het onwaarschijnlijk is dat het Stellar-systeem veilig is wanneer het wordt gebruikt met "meer dan één validatieknooppunt", met het argument dat wanneer er geen consensus wordt bereikt, er een bifurcatie in het register optreedt waarbij delen van het netwerk het oneens zijn over welke transacties worden aanvaard. De Stellar Foundation beweerde verder dat er een "aangeboren zwakte" was in het consensusproces, een bewering die, volgens *Finance Magnates,* "Ripple heftig ontkende". Ripple's hoofd cryptograaf David Schwartz betwistte Mazieres bevindingen en verklaarde Stellar's implementatie van het consensus systeem gebrekkig, waarbij hij opmerkte dat "het protocol veiligheid en fouttolerantie biedt, ervan uitgaande dat de validators correct zijn geconfigureerd". Het bedrijf schreef ook dat het, na de informatie van Stellar te hebben bestudeerd, had geconcludeerd dat "er geen bedreiging is voor de voortdurende werking van het Ripple-netwerk.

Gebruik als betalings-/expositiesysteem

Ripple stelt gebruikers of bedrijven in staat om transacties in verschillende valuta's uit te voeren in 3-5 seconden. Alle rekeningen en transacties zijn beveiligd door encryptie en algoritmisch geverifieerd. Betalingen kunnen alleen worden geautoriseerd door de rekeninghouder en alle betalingen worden automatisch verwerkt zonder derden of tussenpersonen. Ripple valideert rekeningen en saldi onmiddellijk voor betalingstransmissie en biedt betalingsnotificatie met zeer weinig latentie. Betalingen zijn onomkeerbaar, en er zijn geen terugboekingen. XRP's kunnen niet worden bevroren of gevangen. Terwijl in 2014 iedereen een rekening op Ripple kon openen, werden in 2015 procedures voor identiteitscontrole ingevoerd. Het oriëntatiealgoritme van Ripple zoekt het snelste en goedkoopste pad tussen twee valuta's. In het geval van een gebruiker die een betaling van USD naar EUR wil sturen, zou dit een "one hop" pad direct van USD naar EUR kunnen zijn, of het zou een multi-hop pad kunnen zijn, misschien van USD naar CAD naar XRP naar EUR. Het routing-algoritme is ontworpen om de beste conversiekosten voor de gebruiker te zoeken. Vanaf 14 mei 2014 staan de gateways van Ripple stortingen toe in een beperkt aantal contante valuta's, een handvol cryptocurrencies en enkele grondstoffen".

De Bitcoin-brug

De Bitcoin Bridge is een link tussen de ecosystemen van Ripple en Bitcoin. Dankzij de brug kan elke Bitcoin-gebruiker rechtstreeks betalen vanaf een Ripple-rekening zonder ooit de digitale munt te hoeven bezitten. Bovendien heeft elke handelaar die Bitcoin accepteert nu de mogelijkheid om elke valuta ter wereld te accepteren. Een Ripple-gebruiker kan er bijvoorbeeld de voorkeur aan geven een bedrag in Amerikaanse dollars aan te houden en geen Bitcoin te bezitten. Het is echter mogelijk dat een handelaar betaling in Bitcoin wenst te aanvaarden. Met de Bitcoin bridge kan elke Ripple-gebruiker Bitcoins versturen zonder een clearinghouse als BTC-e te hoeven gebruiken om ze te verkrijgen. Bitstamp fungeert als een gateway voor het Ripple-betaalprotocol, naast andere uitwisselingen.

Privacybeleid

Hoewel de transactiegegevens in het register openbaar zijn, zijn de betalingsgegevens dat niet. Dit maakt het voor iedereen moeilijk om transactie-informatie in verband te brengen met een specifieke gebruiker of onderneming.

Marktmakers

Elke Ripple-gebruiker kan optreden als market maker door een arbitragedienst aan te bieden, zoals het verschaffen van liquiditeit aan de markt, intra-gateway valutaconversie, *rippling,* enz. Marketmakers kunnen ook hedgefondsen of wisselkantoren zijn. Volgens de site van Ripple "vergemakkelijken market makers, door saldi in meerdere valuta's aan te houden en verbinding te maken met meerdere gateways, betalingen tussen gebruikers waar geen direct vertrouwen bestaat, waardoor handel via de gateways mogelijk wordt". Met een voldoende aantal market makers creëert het sturingsalgoritme een vrijwel wrijvingsloze markt en maakt het betalingen tussen gebruikers naadloos mogelijk via het netwerk in verschillende valuta, zonder ongewenste wisselkoersrisico's te lopen.

Veel van deze diensten worden aangeboden via een traditioneel biedplatform om een valuta tegen een andere valuta te kopen of te verkopen. Bied- en laatkoersen worden gegroepeerd in een orderboek om een gedecentraliseerde beurs te creëren. Gebruikers kunnen handelen met market makers om valuta's te wisselen of om te zetten. Het oriëntatiealgoritme van Ripple maakt gebruik van deze functionaliteit door gebruikers in staat te stellen geld in de ene valuta te verzenden en ontvangers het in een andere valuta te laten ontvangen. Een gebruiker kan bijvoorbeeld betalen in USD en de ontvanger kan ervoor kiezen om het bedrag in een andere valuta te ontvangen, waaronder Bitcoins en XRP.

Open programmeer interface

Ripple Labs bouwde het protocol om gemakkelijk toegankelijk te zijn voor de ontwikkelaarsgemeenschap, en de resulterende functies omvatten een API voor zijn betalingsnetwerk, gebaseerd op de populaire REST-standaard. Een van de eerste extensies door ontwikkelaars van derden was een Ripple-extensie voor het e-commerceplatform Magento, waarmee Magento het openbare register van Ripple kan bekijken en een factuur kan opstellen. Er werd ook een Ripple-portefeuillebetalingsoptie ontwikkeld voor retailsituaties.

XRP

XRP is de eigen valuta van het Ripple-netwerk die alleen bestaat in het Ripple-systeem. XRP is momenteel deelbaar tot 6 cijfers achter de komma, en de kleinste eenheid wordt een druppel genoemd, waarbij 1 miljoen druppels gelijk staat aan 1 XRP. 100 miljard XRP's werden gecreëerd tijdens het ontstaan van Ripple, geen kan meer worden gecreëerd volgens de regels van het protocol. Als zodanig is het systeem zo ontworpen dat XRP een zeldzaam activum is met een afnemende beschikbare hoeveelheid. XRP is niet afhankelijk van een derde partij voor de handel, is de enige valuta in het Ripple-netwerk zonder tegenpartijrisico en is de enige native digital asset. De andere munteenheden in het Ripple Netwerk zijn schuldinstrumenten, en bestaan in de vorm van tegoeden. Gebruikers van het Ripple Netwerk zijn niet verplicht om XRP te gebruiken als een opslag van waarde of een ruilmiddel. Elke Ripple account vereist echter wel een kleine reserve van 20 XRP. Het doel van deze eis wordt besproken in het gedeelte over anti-spam.

Distributie

Van de 100 miljard gecreëerde XRP's bleven er 20 miljard in handen van de makers, die ook de oprichters van Ripple Labs waren. De makers doneerden de resterende 80% van het totaal aan Ripple Labs, waarbij de XRP's bedoeld zijn om "stimulansen te bieden voor marktmakers om de liquiditeit van XRP te vergroten en de algehele gezondheid van de XRP-markten te verbeteren". Ripple Labs had in 2013 ook een kortetermijndistributieprogramma van minder dan 200 miljoen XRP's, waarbij een deel van het bedrag werd gedoneerd aan goede doelen, zoals het Computing for Good-initiatief, dat begon met het aanbieden van XRP's in ruil voor vrijwillige tijd aan onderzoeksprojecten. In maart 2015 was 67% van de oorspronkelijke 80% die Ripple Labs bezat nog steeds in handen van het bedrijf, waarbij Ripple Labs verklaarde dat "we ons zullen bezighouden met distributiestrategieën waarvan we verwachten dat ze resulteren in een stabiele of versterkende XRP-wisselkoers ten opzichte van andere valuta's. Om de bezorgdheid over het XRP-aanbod weg te nemen, zegde Ripple in mei 2017 toe XRP 55 miljard in cryptografisch beveiligde escrow te plaatsen. Hierdoor kunnen zij maandelijks tot 1 miljard gebruiken en alles wat niet elke maand is gebruikt, aan het eind van de escrow-periode teruggeven in de vorm van een extra maandcontract, zodat het proces helemaal opnieuw begint. De hoeveelheid gedistribueerde XRP en hun beweging kan worden getraceerd via de Ripple Charts site.

Als een geldbrug

Een van de specifieke functies van XRP is als valuta-overbrugging, die nodig kan zijn als er op een bepaald moment geen directe uitwisseling beschikbaar is tussen twee valuta's, bijvoorbeeld bij transacties tussen twee zelden verhandelde valutaparen. In het netwerkwisselkantoor worden XRP's vrij verhandeld tegen andere valuta's, en hun marktprijs schommelt tegen dollars, euro's, yen, bitcoin, enz. De ontwerpfocus van Ripple ligt op de wisselkantoor en gedistribueerde RTGS, in tegenstelling tot de focus op XRP als een alternatieve valuta. In april 2015 kondigde Ripple Labs aan dat een nieuwe functie, "*autobridging*" genaamd, aan Ripple was toegevoegd, met de bedoeling het voor market makers gemakkelijker te maken om te handelen tussen zelden verhandelde valutaparen. De functie is ook bedoeld om een grotere blootstelling aan liquiditeit en betere wisselkoersen te bieden.

Als anti-spam maatregel

Wanneer een gebruiker een financiële transactie uitvoert in een niet-autochtone valuta, brengt Ripple transactiekosten in rekening. Het doel van de transactiekosten is bescherming te bieden tegen netwerk flooding attacks door de aanvallen te duur te maken voor hackers. Als Ripple volledig open toegankelijk zou zijn, zouden tegenstanders grote hoeveelheden "spam-register" en spam-transacties kunnen verspreiden in een poging het netwerk te overbelasten. Dit zou kunnen leiden tot een onbeheersbare toename van de omvang van het register en zou het vermogen van het netwerk om legitieme transacties snel af te wikkelen, kunnen belemmeren. Om aan een uitwisseling deel te nemen, heeft elke Ripple-rekening dus een kleine reserve van 20 XRP nodig, en moet voor elke transactie een transactiekost van 0,00001 XRP of meer worden betaald. Deze transactievergoeding wordt door niemand geïnd; de XRP's worden vernietigd en houden op te bestaan. De transactiekosten lopen op als de gebruiker massaal orders plaatst, en lopen terug na een periode van inactiviteit.

Receptie

Sinds zijn ontstaan heeft het Ripple-protocol veel aandacht gekregen van zowel de financiële pers als het grote publiek. Ripple is recentelijk genoemd in industrie-artikelen van Nielsen, de Bank of England Quarterly Bulletin, NACHA en KPMG, met talrijke artikelen waarin het effect van Ripple op de internationalisering van de banksector wordt onderzocht. In april 2015 stelde *American Banker* dat "vanuit het oogpunt van de banken gedistribueerde registers zoals Ripple een aantal voordelen hebben ten opzichte van cryptocurrencies zoals Bitcoin," waaronder veiligheid. De *Federal Reserve Bank of Boston* schreef: "Het gebruik van gedistribueerde netwerken, zoals Ripple, kan de sector helpen om snellere verwerking en efficiëntie te bereiken voor internationale betalingen en correspondentbankieren. In 2013 schreef Ken Kurson voor *Esquire* over Ripple als een betalingsnetwerk: "Grote financiële dienstverleners moeten Ripple bekijken zoals platenmaatschappijen Napster bekijken. De website Dealbook van de *New York Times wijst er* in 2014 op dat "iets aan het winnen is dat tot nu toe ongrijpbaar is gebleken voor virtuele valuta's: de betrokkenheid van verschillende grote spelers in het financiële systeem". In augustus 2015 werd Ripple door het World Economic Forum erkend als een technologische pionier.

Vergelijkingen met de concurrentie

Hoewel Ripple als digitale munt op de derde plaats staat na Bitcoin, hebben veel leden van de pers Ripple beschreven als een kant-en-klare rivaal voor Bitcoin. Eind 2014 noemde *Bloomberg* Bitcoin een "mislukte" digitale munt, nadat Bitcoin in één jaar tijd 54% in waarde was gedaald. Ripple is beschreven als een belangrijke concurrent, deels vanwege zijn vermogen om internationaal geld in real time over te maken. Bill Gates steunt dit perspectief en noemde het Ripple-systeem toen hem in 2014 naar Bitcoin werd gevraagd. Hij zei: "Bitcoin of Ripple en andere varianten kunnen veel doen om geldoverdracht tussen landen gemakkelijker te maken en de kosten vrij drastisch te verlagen. Maar Bitcoin zal niet het dominante systeem worden. Over de compatibiliteit van Ripple met elk elektronisch waardemedium zei David Andolfatto, vicevoorzitter van de St. Louis Federal Reserve en professor aan de Simon Fraser University, in 2014: "Ripple is een agnostisch valutaprotocol. Ripple is de winnaar. Hij kan alles aan. Voor zijn creatie en ontwikkeling van het Ripple-protocol en het Ripple-betalings-/uitwisselingsnetwerk heeft het Massachusetts Institute of Technology Ripple Labs erkend als een van de 50 Slimste Bedrijven van 2014 in de februari 2014-editie van de *MIT Technology Review*.

Reacties op XRP

De reactie op XRP is gepolariseerd in de cryptocurrency gemeenschap. Voorstanders van Bitcoin hebben XRP's bekritiseerd omdat ze "voorgedolven" worden, aangezien XRP's rechtstreeks in het Ripple-protocol zijn geïntegreerd en niet gedolven hoeven te worden. Daarnaast heeft de distributie door Ripple Labs van een beperkte initiële hoeveelheid XRP-valuta nogal wat controverse veroorzaakt, en met name de 20% holdback door de oprichters wordt als een hoog percentage beschouwd. *Esquire* weerlegde dit argument in 2013 door uit te leggen dat "als dit afwijkend is, dan is elk bedrijf dat ooit naar de beurs is gegaan met behoud van het grootste deel van zijn aandelen dat ook". Een groot deel van de controverse werd beslecht na de aankondiging dat oprichters Jed McCaleb en Arthur Britto hun XRP's zouden verkopen tegen een bemiddelingstarief over meerdere jaren, "een zet die de stabiliteit moet verhogen en het vertrouwen in de XRP-markt moet herstellen. CEO Chris Larsen doneerde op zijn beurt XRP 7 miljard aan de Ripple Foundation for Financial Innovation, waarbij XRP's worden "vergrendeld" en in de loop van de tijd worden gedoneerd. In 2016 was van de 20% die aanvankelijk aan de oprichters was toegewezen, bijna de helft gedoneerd aan non-profitorganisaties en liefdadigheidsinstellingen...

Tether

Tether is een cryptocurrency, type stablecoin, uitgegeven door het bedrijf Tether Limited'... Historisch gezien beweerde het bedrijf dat elke hoek werd gedekt door een Amerikaanse dollar, maar met ingang van 14 maart 2019 veranderde het zijn dekking om leningen aan gelieerde bedrijven op te nemen,,,. In april 2019 beschuldigde de procureur-generaal van de staat New York het handelsplatform Bitfinex van het gebruik van de Tethers om de afwezigheid van $ 850 miljoen sinds medio 2018 te maskeren'''. Het is om deze verschillende punten dat Tether controversieel is.

Tether wordt gezien als een stabiele munt, omdat het oorspronkelijk was ontworpen om voor altijd $1,00 waard te zijn, met $1,00 aan reserves voor elke uitgegeven Tether. Niettemin verklaart Tether Limited dat de houders van Tether geen andere contractuele rechten, andere rechtsmiddelen of garanties hebben dan de Tethers die zullen worden uitgewisseld. Op 30 april 2019 beweerde de raadsman van Tether Limited dat elke Tether slechts beschermd was tot een bedrag van $ 0,74'.

Tether Limited en de cryptocurrency Tether zijn omstreden vanwege het onvermogen van het bedrijf om een audit te overleggen waaruit blijkt dat het over voldoende reserves beschikt' vanwege zijn vermeende rol in het manipuleren van de prijs van bitcoin, vanwege zijn onduidelijke relatie met het Bitfinex-platform, en vanwege het kennelijke gebrek aan bankrelaties op lange termijn. David Gerard schrijft in de Wall Street Journal, dat de Tether op de een of andere manier de centrale bank is voor crypto handel, toch gedragen ze zich niet als een verantwoordelijke en verstandige financiële instelling." De prijs van Tether, als gevolg van het verlies van vertrouwen van beleggers in het gebied daalde tot $ 0,90 op 15 oktober 2018, zijn laagste niveau ooit. Op 20 november 2018 meldde Bloomberg dat Amerikaanse federale aanklagers onderzoek deden naar het gebruik van Tether om de prijs van Bitcoin te manipuleren. In 2019 presteerde Tether beter dan Bitcoin in termen van dagelijks handelsvolume.

Geschiedenis

In januari 2012 beschrijft JR Willett in een witboek de mogelijkheid om naast het Bitcoin-protocol nieuwe munteenheden te creëren. Willett helpt dit idee te implementeren in de cryptocurrency *Mastercoin,* waaraan een *Mastercoin Foundation* is verbonden om het gebruik van deze nieuwe "tweede laag" te bevorderen. Het Mastercoin-protocol wordt de basis van Tether, en Brock Pierce, een van de oorspronkelijke leden van de Mastercoin Foundation, wordt medeoprichter van Tether. Een andere oprichter van Tether, Craig Sellars, was de technisch directeur van de Mastercoin Foundation.

De voorloper van Tether, oorspronkelijk "Realcoin" genoemd, werd in juli 2014 aangekondigd door mede-oprichters Brock Pierce, Reeve Collins en Craig Sellars als een startup gevestigd in Santa Monica. De eerste wiggen werden op 6 oktober 2014 uitgegeven op de Bitcoin-blockchain met behulp van het Omni Layer-protocol. Op 20 november 2014 kondigde het management van Tether, bij monde van Reeve Collins, de nieuwe naam van het project aan: "Tether". Het bedrijf kondigt ook aan dat het de private bèta ingaat, die een "Tether + token" voor drie valuta's ondersteunt: USTether voor Amerikaanse dollars, EuroTether voor euro's en YenTether voor Japanse yen. Het bedrijf stelt: "Elk Tether + token is 100% gegarandeerd door zijn oorspronkelijke valuta en kan op elk moment worden gebruikt zonder valutarisico." Op de website van het bedrijf staat dat het in Hongkong is gevestigd met kantoren in Zwitserland, zonder nadere gegevens te verstrekken.

In januari 2015 integreerde Bitfinex, een crypto-trading platform, Tether op hun platform. Terwijl vertegenwoordigers van Tether en Bitfinex beweren dat de twee gescheiden zijn, onthulden Paradise Papers in november 2017 de hoofden van Bitfinex, Philip Potter en Giancarlo Devasini, die in 2014 *Tether Holdings Limited oprichtten op de* Britse Maagdeneilanden. Een woordvoerder van Bitfinex en Tether zei dat de chief executive officer van de twee bedrijven Jan Ludovicus van der Velde was. Volgens de in Hong Kong gevestigde Tether website, is *Tether Limited* een volledige dochteronderneming van *Tether Holdings Limited*. Bitfinex is een van de grootste Bitcoin-handelsplatforms ter wereld qua volume.

Gedurende enige tijd verwerkte Tether transacties in Amerikaanse dollars via Taiwanese banken, die op hun beurt het geld via Wells Fargo Bank stuurden om het geld uit Taiwan te laten wegvloeien. Tether kondigde aan dat op 18 april 2017 deze internationale overboekingen werden geblokkeerd. Bitfinex en Tether hebben een rechtszaak aangespannen tegen Wells Fargo in de federale rechtbank van het Northern District of California. De rechtszaak werd een week later ingetrokken. In juni 2017 kondigden de Omni Foundation en Charlie Lee aan dat Tether binnenkort zou worden gepubliceerd op de Omni-laag van Litecoin. In september 2017 kondigde Tether aan dat het nieuwe ERC-20 tokens in Amerikaanse dollars en euro's zou lanceren op het Ethereum-blok. Tether bevestigde vervolgens dat de Ethereum tokens waren uitgegeven. Momenteel zijn er in totaal vier afzonderlijke tokens: de US-dollar-token op de Bitcoin Omni-laag, de Euro-token op de Bitcoin Omni-laag, de US-dollar-token als ERC-20-token en de Euro-token als ERC-20-token.

Van januari 2017 tot september 2018 zijn de uitstaande woningkoppelingen gestegen van ongeveer 10 miljoen US$ tot ongeveer 2,8 miljard US$. Begin 2018 was Tether goed voor ongeveer 10% van het handelsvolume van Bitcoin, maar tegen de zomer van 2018 was het goed voor maar liefst 80% van het volume van Bitcoin. Onderzoek suggereert dat een prijsmanipulatiesysteem met een tether verantwoordelijk was voor ongeveer de helft van de stijging van de Bitcoin-prijzen tegen eind 2017. In augustus 2018 werd meer dan 500 miljoen dollar aan Tether uitgegeven.

Op 15 oktober 2018 daalde de prijs van het sleutelkoord kortstondig tot USD 0,88 vanwege een vermeend kredietrisico toen Bitfinex-handelaren hun emoties ruilden voor Bitcoin, wat resulteerde in een stijging van de prijs van Bitcoin.

Tether Limited heeft nooit hun claim van full-backing gestaafd door een beloofde audit van hun valutareserves .

In april 2019 diende de procureur-generaal van de staat New York, Letitia James, een rechtszaak in waarin Bitfinex werd beschuldigd van het gebruik van de reserves van Tether om een verlies van $ 850 miljoen te dekken. Bitfinex slaagde er volgens de rechtszaak niet in een normale bankrelatie te verkrijgen. Als gevolg daarvan stortte ze meer dan $1 miljard bij een Panamese betalingsverwerker, Crypto Capital Corp. De fondsen zouden zijn verward met bedrijfs- en klantendeposito's en er zou geen contract met Crypto Capital zijn gesloten. James zei dat Bitfinex en Tether in 2018 wisten of vermoedden dat Crypto Capital met het geld was ontsnapt, maar dat hun beleggers nooit op de hoogte werden gebracht van het verlies.

Reggie Fowler, naar verluidt verbonden aan Crypto Capital, werd op 30 april 2019 aangeklaagd voor het runnen van een geldovermakingsbedrijf zonder vergunning voor virtuele geldoperators. Hij zou hebben nagelaten een anonieme klant ongeveer $850 miljoen terug te geven. Rechercheurs hebben ook 14.000 dollar aan valse biljetten uit zijn kantoor gehaald.

Vermeende prijsmanipulatie

Onderzoek van John M. Griffin en Amin Shams in 2018 suggereert dat de handel in verband met de toename van de hoeveelheid Tether en de handel op Bitfinex ongeveer de helft van de stijging van de bitcoinprijzen aan het einde van 2017 verklaart,,'.

Bloomberg News verslaggevers wilden de beschuldigingen verifiëren dat de prijs van Tether werd gemanipuleerd op het handelsplatform Kraken, en vonden bewijs van prijsmanipulatie. De rode vlaggen waren onder meer kleine orders die de prijs evenveel deden stijgen als grote orders, en "merkwaardig specifieke orders - veel tot vijf cijfers na de komma, sommige vaak herhalend". Deze ongewoon grote orders zouden volgens Rosa Abrantes-Metz, professor aan de New York University, en Mark Williams, voormalig onderzoeker bij de U.S. Federal Reserve Bank, gebruikt kunnen zijn om het witwassen van handel in geautomatiseerde handelsprogramma's aan te geven.

Afhankelijk van de website van Tether, kan Tether nieuw worden uitgegeven, door aankoop van dollars, of gekocht worden door gekwalificeerde beurzen en bedrijven, met uitzondering van klanten die in de Verenigde Staten gevestigd zijn. Journalist Jon Evans zei dat hij geen publiekelijk verifieerbare voorbeelden kon vinden van een aankoop van Tether, nieuw uitgegeven of een aflossing in het jaar eindigend in augustus 2018.

J.L. van der Velde, CEO van Bitfinex en Tether, ontkende de beschuldigingen van prijsmanipulatie: "Bitfinex en Tether hebben zich nooit beziggehouden met markt- of prijsmanipulatie. De emissies van Tether kunnen niet worden gebruikt om de prijs van Bitcoin of een andere hoek op Bitfinex te verhogen".

Op 6 december 2017 zijn dagvaardingen van de Commodity Futures Trading Commission naar Tether en Bitfinex gestuurd. Friedman LLP, een voormalig accountant van Tether, is ook gedagvaard. Noble gebruikte op zijn beurt de Bank of New York Mellon Corporation als bewaarder. Vanaf oktober 2018 is Noble naar de beurs gegaan en zou het geen bankrelaties meer hebben met Tether, Bitfinex of The Bank of New York Mellon. Hoewel Bitfinex niet over de nodige bankverbindingen beschikt om stortingen in dollars te aanvaarden, heeft het bedrijf ontkend dat het insolvent is.

Tether kondigde in november 2018 een nieuwe bankrelatie aan met de op de Bahama's gevestigde Deltec Bank via een brief, naar verluidt van Deltec, waarin stond dat Tether $ 1,8 miljard op deposito had bij de bank. De brief bevatte twee alinea's en een onleesbare handtekening, zonder dat de naam van de auteur erop gedrukt was. Een woordvoerder van Deltec weigerde de informatie in de brief aan Bloomberg-verslaggevers te bevestigen.

Zekerheid en liquiditeit

Tether stelt dat het van plan is om alle Amerikaanse dollars in reserve te houden om klanten op verzoek opnames te kunnen doen, hoewel het in 2017 niet aan alle opnameverzoeken heeft kunnen voldoen. Tether beweert dat het de reserves transparant maakt door middel van een externe audit; dergelijke audits bestaan echter niet. In januari 2018 kondigde Tether aan dat het niet langer een relatie had met zijn accountant. Ongeveer 31 miljoen dollar in USDT-tokens werden gestolen van Tether in november 2017. Een latere analyse van de Bitcoin-blockchain bracht een nauw verband aan het licht tussen de Tether-hack en de Bitstamp-hack van januari 2015. Als reactie op de diefstal heeft Tether de handel opgeschort en verklaard dat het nieuwe software zou inzetten om een nood-"fork" te implementeren om alle tokens die door Tether als gestolen zijn geïdentificeerd, onbruikbaar te maken. Tether zei dat het bedrijf vanaf 19 december 2017 zijn portfoliodiensten weer heeft geactiveerd en is begonnen met het verwerken van de achterstand van lopende transacties.

Vraagstukken in verband met dollarreserves

Een criticus van de toeleveringsketen plaatste vraagtekens bij de relatie tussen Bitfinex en Tether en beschuldigde Bitfinex ervan "magische tethers uit het niets" te creëren. In september 2017 publiceerde Tether een "memorandum" van een accountantskantoor waaruit volgens Tether Limited bleek dat de tethers volledig met Amerikaanse dollars werden gefinancierd; volgens de *New York Times* zei de onafhankelijke advocaat Lewis Cohen echter dat het document, vanwege de zorgvuldige formulering, "niet bewijst dat de onderdelen van Tether door dollars worden gedekt". Evenmin wordt in de documenten nagegaan of de betrokken saldi anderszins worden beïnvloed". Het accountantskantoor verklaarde uitdrukkelijk: "Deze informatie is uitsluitend bedoeld om het management van Tether Limited bij te staan ... en is niet bedoeld om door enige andere partij te worden gebruikt of om op te vertrouwen. "Tether heeft herhaaldelijk verklaard dat zij audits zullen indienen waaruit blijkt dat het bedrag van de uitstaande bevestigingsmiddelen individueel wordt gedekt door in bewaring gegeven Amerikaanse dollars. Zij hebben dat niet gedaan. Een poging tot controle in juni 2018 werd diezelfde maand nog op hun website geplaatst. Het advocatenkantoor Freeh, Sporkin & Sullivan diende een rapport in dat leek te bevestigen dat de uitgegeven obligaties volledig in dollars waren gegarandeerd. Volgens de Dienst Financieel Toezicht is de Dienst Financieel Toezicht echter geen accountantskantoor en heeft de Dienst het bovengenoemde onderzoek en de bevestigingen niet verricht overeenkomstig algemeen aanvaarde boekhoudkundige beginselen. De bovengenoemde bevestiging van de saldi van bankrekeningen en daarmee verband houdende rekeningen mag niet worden opgevat als het resultaat van een controle overeenkomstig algemeen aanvaarde controlenormen.

Stuart Hoegner, advocaat-generaal voor Tether, zei: "Het komt erop neer dat een audit niet haalbaar is. De Big Four-bedrijven zijn niet bestand tegen dit risiconiveau. We gingen voor wat wij dachten dat het op één na beste was. »

Tijdens een onderzoek naar prijsmanipulatie door de Amerikaanse Commodity Futures Trading Commission en het Amerikaanse ministerie van Justitie, verliet Phil Potter, Bitfinex Chief Strategy Officer en hoofd van Tether Limited, Bitfinex in 2018 . Volgens Bloomberg ging het onderzoek op 20 november 2018 verder en richtte het zich op Tether en Bitfinex.

Polkadot

Polkadot is een voorstel voor een uitwisselings- en overdrachtsarchitectuur tussen verschillende heterogene ketens, die het mogelijk maakt publieke blockchains te verbinden met gespecialiseerde sidechains. Dankzij Polkadot kunnen verschillende blockchains veilig en zonder vertrouwde derde partijen berichten uitwisselen.

Het protocol werd gecreëerd door Gavin Wood, medeoprichter van Ethereum, en haalde in oktober 2017 144,3 miljoen dollar op bij een Initial Coin Offering.

Het Polkadot-project wordt gesteund door de Web3 Foundation. De missie van deze stichting is het bevorderen van de ontwikkeling en het gebruik van protocollen op het gebied van gedecentraliseerde software - in het bijzonder protocollen die gebruik maken van moderne cryptografische methoden om decentralisatie te waarborgen - ten behoeve van de stabiliteit van het Web3-ecosysteem.

Protocol

Algemene beschrijving

Het Polkadot-protocol is ontworpen om een meerkanaals, schaalbare technologie te worden. In tegenstelling tot de gebruikelijke blockchain-implementaties, gecentreerd rond een enkele blockchain en met verschillende gradaties van generalisatie afhankelijk van de toepassingen, wil Polkadot een relay-chain voorstellen, een basis die een groot aantal valideerbare en wereldwijd consistente datastructuren kan herbergen.

Polkadot kan worden beschouwd als vergelijkbaar met een groepering van onafhankelijke blockchains met uitzondering van 2 belangrijke eigenschappen: een gecombineerde beveiliging en de mogelijkheid om transacties tussen ketens uit te voeren zonder de noodzaak van een vertrouwde derde partij.

Polkadot wordt beschouwd als "evolutionair" in zijn conceptie. Een probleem dat op Polkadot wordt ingezet, kan aanzienlijk worden verspreid en over een groot aantal parachutes worden geparallelliseerd. In de wetenschap dat alle aspecten van elke parachain parallel door verschillende delen van het netwerk kunnen worden uitgevoerd, wordt het systeem dus als schaalbaar en uitbreidbaar op grote schaal beschouwd.

Polkadot is ontworpen om de basiselementen van een infrastructuur te leveren, waarbij de middleware wordt overgelaten om de complexiteit van de toepassingen te beheren.

Polkadot is opgericht om **private/consortiumketens, openbare/vrije** netwerken, orakels en elke andere nog niet ontwikkelde Web3-ecosysteemtechnologie met elkaar te verbinden. Via Polkadot's relay-chain, gericht op schaalbaarheid, governance en interoperabiliteit, biedt het protocol toegang tot een internet van **onafhankelijke blockchains die informatie** kunnen **uitwisselen en operaties** kunnen **uitvoeren zonder een vertrouwde derde partij**.

In het algemeen tracht Polkadot de volgende problemen op te lossen:

- Interoperabiliteit: Polkadot is ontworpen om naadloze gegevens- en resourcetransacties tussen applicaties en slimme contracten van verschillende blockchains mogelijk te maken.
- Schaalbaarheid: Polkadot maakt het mogelijk dat meerdere parachutes tegelijk kunnen draaien, waarbij elke parachute in staat is om meerdere

transacties parallel te ondersteunen, het protocol is oneindig schaalbaar.

- Gecombineerde beveiliging: Met Polkadot wordt de netwerkbeveiliging gedeeld. Dit betekent dat elk individueel kanaal profiteert van de collectieve veiligheid van het netwerk, zonder alles van de grond af te moeten opbouwen en zonder het vertrouwen en de tractie van het netwerk te moeten verwerven.

Geschiedenis

^{Dr.} Gavin James Wood

Gavin Wood is medeoprichter en huidig directeur van Parity Technologies. Hij was eerder technisch directeur en medeoprichter van het Ethereum-project, medebedenker van het Ethereum-protocol en auteur van de formele specificaties ervan. Hij creëerde en programmeerde ook de eerste functionele implementatie van Ethereum. Hij ontwierp de programmeertaal Solidity, was de projectleider van de ontwikkelingsomgeving ervan en de projectleider van de creatie en implementatie van het Whisper-protocol. Gavin heeft een doctoraat in computerwetenschappen van de universiteit van York.

Dr. Wood publiceerde het whitepaper van Polkadot op 14 november 2017. De verantwoordelijkheid voor het protocol werd toegewezen aan de Web3 Foundation, die in juni 2017 werd opgericht.

Initial Coin Offering

Polkadot heeft zijn ICO op 15 oktober 2017 voltooid. De verkoop van de penningen vond plaats in de vorm van een aflopende veiling, bekend als de Nederlandse stijl. De initiële tokenverkoop werd afgesloten op 27 oktober 2017, waarbij in totaal 85.331 ETH werd opgehaald.

Penning

Functies

Het DOT heeft 3 hoofdfuncties: bestuur, operaties en netwerkverbindingen.

DOT-houders controleren het hele protocol. Alle voorrechten, die op andere platforms gewoonlijk aan minderjarigen worden gegeven, worden hier aan de deelnemers van het relais gegeven, met inbegrip van het beheer van uitzonderlijke gebeurtenissen zoals protocolevolutie of -herstel.

Speltheorie moedigt penningenhouders aan zich eerlijk te gedragen. Eerlijke" deelnemers worden via dit mechanisme beloond, terwijl deelnemers met "slecht" gedrag hun aandelen in het netwerk zullen verliezen. Dit garandeert de veiligheid van het netwerk.

Nieuwe parachutes worden toegevoegd door gebonden lopers. Onnodige of verouderde goten worden verwijderd door gekoppelde lopers te verwijderen. Dit is een vorm van Bewijs van Spelen.

De DOT is een native token, de DOT's zullen worden uitgegeven tijdens de creatie van het Polkadot genesis blok.

Ontwikkeling

De Web3 Stichting heeft Parity Technologies opdracht gegeven het Polkadot protocol te bouwen. De werkzaamheden zijn aan de gang.

De oprichting van het genesisblok wordt verwacht in het derde kwartaal van 2019. Verschillende vooraanstaande blockchain-protocollen hebben al interesse getoond in Polkadot's parachains, zoals Melonport bijvoorbeeld.

Cardano

Cardano is een *open source* blockchain, maar ook een platform voor het uitvoeren van intelligente contracten. Cardano's interne cryptografie heet Ada. Dit project wordt geleid door Charles Hoskinson, medebedenker van Ethereum. De ontwikkeling van het project staat onder toezicht van de Cardano Foundation, die is gevestigd in Zug, Zwitserland. Cardano wordt door sommigen beschouwd als de synthese van Bitcoin en Ethereum. Op 7 februari 2021 is het de vierde grootste cryptomonnaise in termen van kapitalisatie, na Bitcoin, Ethereum en USDollarTether, maar vóór Ripple.

Geschiedenis

Het platform begon zijn ontwikkeling in 2015 en werd in 2017 gelanceerd door Charles Hoskinson , mede-oprichter van Ethereum en BitShares. Volgens Hoskinson had hij Ethereum verlaten na een meningsverschil over de vraag of Ethereum als non-profit behouden moest blijven. Na zijn vertrek, was hij mede-oprichter van IOHK, een blockchain engineering bedrijf, met als hoofdactiviteit de ontwikkeling van Cardano, naast de Cardano Foundation en Emurgo. Het platform is genoemd naar Girolamo Cardano en cryptomonie naar Ada Lovelace.

De munt maakte zijn debuut met een marktkapitalisatie van 600 miljoen dollar. Eind 2017 had het een marktkapitalisatie van $ 10 miljard en bereikte het in 2018 kortstondig een waarde van $ 33 miljard, voordat een algemene verkrapping van de cryptografiemarkt de waarde terugbracht tot $ 10 miljard. Cardano beweert de bestaande problemen op de cryptografiemarkt op te lossen: voornamelijk dat Bitcoin te traag en te rigide is, en dat Ethereum niet veilig en schaalbaar is. Het wordt door de makers ervan beschouwd als een derde generatie cryptografie.

Cardano is ontwikkeld en ontworpen door een team van academici en ingenieurs.

Technische aspecten

Cardano maakt gebruik van een proof-of-participation-technologie genaamd *Ouroboros*. Ter vergelijking, Bitcoin gebruikt het proof of work systeem; de eerste blockchain entry en de langste blockchain worden gebruikt om de eerlijke blockchain te bepalen. Cardano gebruikt alleen de eerste blockchain entry, waarna de eerlijke keten lokaal wordt bewezen zonder de noodzaak van een vertrouwde derde partij.

Binnen het Cardano-platform bestaat Ada op de afwikkelingslaag. Deze laag is vergelijkbaar met Bitcoin en houdt transacties bij. De tweede laag is de rekenlaag. Deze laag is vergelijkbaar met Ethereum, waardoor slimme contracten en applicaties op het platform kunnen draaien.

Cardano heeft de eigenaardigheid dat het geen witboek volgt. In plaats daarvan maakt het gebruik van ontwerpprincipes die ontworpen zijn om problemen te verbeteren waarmee andere cryptosystemen te kampen hebben: schaalbaarheid, interoperabiliteit en naleving van de regelgeving. Het wordt gefinancierd door een eerste bod op cryptomunten.

Ontwikkeling

De ontwikkeling van Cardano is verdeeld in 5 fasen, "tijdperken" genoemd. Elk van deze tijdperken komt overeen met de implementatie van nieuwe functionaliteiten op de Cardano-blockchain, en de ontwikkeling van de blockchain zal bij de lancering van het vijfde tijdperk als voltooid worden beschouwd en worden overgedragen aan de ADA-eigenaren.

De intelligente contracttaal van Cardano stelt ontwikkelaars in staat om end-to-end tests op hun programma uit te voeren zonder de geïntegreerde ontwikkelomgeving te verlaten of hun code te deployen.

In 2017 hielp IOHK, het bedrijf achter Cardano, de Universiteit van Edinburgh bij de lancering van het Blockchain Technology Laboratory. In 2019 ondertekenden de minister van Onderwijs van Georgië, Mikhail Batiashvili, en Charles Hoskinson een memorandum van overeenstemming met de Vrije Universiteit van Tbilisi om Cardano en Atala te gebruiken om een verificatiesysteem voor diploma's voor Georgië te bouwen. In 2018 is Cardano een samenwerking aangegaan met de Ethiopische overheid, zodat Cardano zijn technologie kan inzetten in verschillende industrieën in het hele land. IOHK doneerde 500.000 dollar aan Ada van de Universiteit van Wyoming om de ontwikkeling van blockchain-technologie te ondersteunen. Schoenfabrikant New Balance gaat een blockchain van een gedistribueerd grootboek gebruiken om de authenticiteit van zijn nieuwste basketbalschoen bij te houden. Het platform zal worden gebouwd bovenop de Cardano-blockchain.

Stellar

Stellar is een open source betalingsprotocol opgericht in 2014 door Jed McCaleb en Joyce Kim .

Organisatie

Tot de leden van de raad van bestuur en het adviescomité behoren Keith Rabois, Patrick Collison , Matt Mullenweg , Greg Stein, Joi Ito, Sam Altman, Naval Ravikant en anderen. """"

De Stellar Procotole wordt gesteund door een stichting zonder winstoogmerk, de Stellar Development Foundation. """"

Dit netwerk heeft geen winstoogmerk en hun platform is open source en gedecentraliseerd.

Operatie

Dit netwerk is opgezet om vrij toegankelijk te zijn en vooral gemakkelijk te gebruiken voor alle inkomensniveaus en met lage transactiekosten. Dankzij hun tussenmunt, de lumen, kan een gebruiker om het even welke muneenheid naar een andere persoon sturen die misschien een andere munteenheid heeft.

Hij kan transacties doen met valuta en andere cryptosystemen. Deze munt is een gecentraliseerde valuta en maakt multi-platform transacties en micro-transacties mogelijk zoals Ripple, een andere cryptomunt die ook gecentraliseerd is. Het is ook een betalingstechnologie die tot doel heeft financiële instellingen met elkaar te verbinden en de kosten en de tijd voor grensoverschrijdende overmakingen aanzienlijk te verminderen.

Litecoin

Litecoin is een elektronische munt die onder een vrije licentie wordt gedistribueerd, geïnspireerd door en technisch vergelijkbaar met Bitcoin.

Litecoin kan werken met dezelfde "mining" software als Bitcoin.

Elke Litecoin is verdeeld in honderd miljoen kleinere eenheden, gedefinieerd door acht decimalen.

De *Litecoin* is een gedeponeerd handelsmerk van de gelijknamige stichting 111 North Bridge Road Singapore.

Geschiedenis

Litecoin werd op 7 oktober 2011 ontwikkeld door Charlie Lee, een voormalige Google-medewerker, via een *open-sourceclient* op GitHub.

De Litecoin-code is een aanpassing van de Bitcoin-code.

In april 2017 werd in Singapore de Litecoin Foundation opgericht met als doel Litecoin te promoten.

Op 15 december 2017 werd de wisselkoers van Litecoin toegevoegd aan de Bloomberg Terminal.

Op 18 februari 2018 beleefde Litecoin de eerste Fork in zijn geschiedenis, Litecoin Cash, door een groep onafhankelijke ontwikkelaars van de Litecoin Foundation. Dit initiatief werd sterk bekritiseerd door de bedenker van Litecoin, Charlie Lee.

In juli 2018 voegde Google de Litecoin toe aan zijn valutaconversietool.

Algemene kenmerken

Verschillen met Bitcoin

Litecoin biedt enkele verschillen met Bitcoin :

- Het Litecoin-netwerk streeft ernaar om elke tweeënhalve minuut een blok aan te maken, in plaats van elke tien minuten voor Bitcoin.
- Snellere bevestiging van transacties.
- Minimale transactiekosten.
- De interface werd gewijzigd om het maken van ASIC's te voorkomen, maar er werden nog steeds ASIC's geproduceerd, waardoor mijnbouw op standaardhardware onpraktisch werd.
- Het ontginningsalgoritme kan draaien op hetzelfde moment en op dezelfde machines die worden gebruikt om bitcoins te ontginnen.

Mijnbouw

De Litecoin kan individueel of via *pools worden* gemijnd.

De uitgiftesnelheid van de valuta volgt een geometrische reeks die elke 840.000 blokken halveert, wat ongeveer om de vier jaar gebeurt, tot een totaal van 84 miljoen LTC is bereikt.

Het SCrypt-algoritme dat door Litecoin wordt gebruikt, is ontworpen om geheugenintensief te zijn, zodat het maken van ASIC's wordt bemoeilijkt. Niettemin zijn er ASIC's ontwikkeld voor het SCrypt-algoritme.

Hoe stabieler en hoogwaardiger een pool is, hoe meer taken aan de "miners" zullen worden toevertrouwd in het geval van de Litecoin.

Transacties

Transacties worden geregistreerd op de Litecoin-specifieke blokketen.

In 2016 registreerde de blokketen gemiddeld :

- 7.500 transacties per dag,
- een volume van 10.000.000 Litecoins per dag,
- een bevestigingstijd van 2,5 minuten.

In 2018 piekte de Litecoin op 200.000 transacties per dag.

In 2020 had het Litecoin-netwerk meer dan 1.400 nodes. Elk van hen had een kopie van alle transactiegegevens. Dit betekent dat de gegevens niet worden gecontroleerd door één enkele entiteit, maar door een gedecentraliseerd netwerk.

Plaatsen uitwisselen

De Litecoin kan worden uitgewisseld op verschillende platforms over de hele wereld.

Bitcoin Cash

Bitcoin Cash is een cryptovaluta die is afgeleid van Bitcoin.

Zoals de naam al aangeeft, is BCH bedoeld als een versie die veel meer transacties per blok mogelijk maakt tegen een lagere prijs dan BTC, en die zich op [1] augustus 2017 heeft afgesplitst van het Bitcoin-protocol.

Bitcoin Cash is gebaseerd op de sequentiële en gedistribueerde databasetechnologie genaamd blockchain, zoals in 2008 beschreven door Satoshi Nakamoto.

Achtergrond

Sinds 2014 is het aantal transacties in Bitcoin voortdurend gestegen. Het gevolg van deze groei is een aanzienlijke toename van de transactiekosten en de bevestigingstijd. Een mogelijke aanpak hiervoor is het vergroten van de blokgrootte. Bitcoin Core en een meerderheid van de gebruikers wilden deze verhoging niet, dus was een tweesprong nodig. Een andere mogelijke aanpak, die niet door Bitcoin Cash is gevolgd, is het gebruik van afgeleide strings.

Op 15 november 2018 zal BCH zelf een fork meemaken met de BSV.

Blokgrootte

De blokken in de Bitcoin-keten waren oorspronkelijk beperkt tot 32 MB per blok, om te voorkomen dat de keten te "zwaar" zou worden voor de computers van "kleine" gebruikers; uiteindelijk werd op 14 juli 2010 een limiet van 1 MB ingevoerd. Zelfs met deze limiet weegt de oorspronkelijke Bitcoin-keten momenteel meer dan 187 GB; zonder deze limiet had de keten meer dan 4 TB kunnen wegen, waardoor het grootste deel van de gemeenschap geen volledige Bitcoin-knooppunt zou hebben gehad. Uiteindelijk zorgde de limiet van 1 MB ervoor dat Bitcoin gedecentraliseerd kon blijven.

Aanvankelijk was het de bedoeling dat deze limiet zo nodig zou kunnen worden aangepast. Deze oplossing, die technisch gezien de eenvoudigste is en het snelst kan worden uitgevoerd, vereist echter een opsplitsing van het protocol en een onderbreking van de achterwaartse compatibiliteit. Deze oplossing werd om tal van redenen bekritiseerd, wat resulteerde in een status quo tussen 2015 en 2017. Er werden verschillende conferenties gehouden zonder dat een algemene consensus werd bereikt. Sinds 15 mei 2018 is de limiet van 32 MB weer ingevoerd voor Bitcoin Cash.

SegWit

Voor de uitvoering van de tweede oplossing moest eerst het probleem van de vervormbaarheid worden opgelost. Er werd een oplossing voor het probleem van de manipuleerbaarheid voorgesteld: SegWit , een UASF die bestaat uit een achterwaarts compatibele wijziging van het Bitcoin-protocol. SegWit is een afkorting voor *Segregated Witness*. Deze wijziging is de eerste grote wijziging van het protocol sinds de uitvinding ervan in 2008 door Satoshi Nakamoto, en zij introduceert het concept van een afgeleide keten. Elk blok wordt verondersteld een Merkle tree te bevatten met alle transacties die het blok vormen en hun cryptografische handtekeningen, maar SegWit scheidt deze cryptografische handtekening en plaatst ze in een afgeleide keten die aan het blok moet worden gekoppeld om geldig te zijn. Op 20 juli 2017 kondigden Bitcoin-mijnwerkers aan dat ze voor 97% klaar waren voor Bitcoin Improvement Proposal 91. Het voorstel was om *gesegregeerd getuigenis* te activeren op [1] augustus 2017, en de compatibiliteit te behouden,,'. Op [1 augustus] 2017 implementeerde het Bitcoin-ketenprotocol *SegWit* .

Verschil tussen Bitcoin en Bitcoin Cash

Het Bitcoin Cash-protocol is gebaseerd op de oorspronkelijke Bitcoin-code, maar verwerpt de beperking van de blokgrootte die Satoshi Nakamoto invoerde om het register tegen aanvallen te beschermen. Het verwerpt ook de SegWit-implementatie die op 1 augustus 2017 is ingevoerd.

Het capaciteitsprobleem wordt opgelost door de andere aanpak: een onmiddellijke verhoging, op het moment van de vork, van de blokgrootte tot 8 MB, of ongeveer 24 transacties per seconde, en dan, later, een volledige intrekking van deze limiet, wat overeenkomt met een limiet van 32 MB, of ongeveer 250 transacties per seconde .

De creatie van Bitcoin Cash vond gelijktijdig plaats met de implementatie van SegWit voor Bitcoin. Deze kunstmatige limiet van 8 MB per blok werd vervolgens op 15 mei 2018 verwijderd, zodat alleen de echte limiet van 32 MB per blok overbleef.

Om de bifurcatie te overleven nu het Bitcoin-protocol SegWit heeft geïmplementeerd, werd het algoritme voor de aanpassing van de moeilijkheidsgraad versoepeld en vervolgens volledig gewijzigd op 13 november 2017.

Protocollen en beveiliging

Het hash-algoritme dat Bitcoin Cash gebruikt is, net als voor Bitcoin, SHA-256. Daardoor kunnen Bitcoin-miners ook Bitcoin cash ondermijnen, wat het risico op een aanval van de 51% die altijd op de zwakste keten valt, vergroot.

Bitcoin Cash is niettemin beschermd tegen Replay-aanvallen, waardoor het naast de Bitcoin-keten kan bestaan.

Mijnbouw

Bij de bifurcatie met Bitcoin was de gemijnde blokgrootte maximaal 8 MB en werd de mijnbouwmoeilijkheid om de twee weken aangepast. Sinds 13 november 2017 wordt de mijnbouwmoeilijkheid per blok aangepast om een voortschrijdend gemiddelde te behouden over 144 blokken met 10 minuten tussen elk blok. Bovendien is de maximale blokgrootte sinds 15 mei 2018 32 MB.

De meest efficiënte manier van delven voor Bitcoin Cash is delven met ASIC's. ASIC's die Bitcoin Cash kunnen delven,

kunnen ook Bitcoin delven omdat de proof of work hetzelfde
is.

Transacties en vergoedingen

Transacties

Hoeken van verschillende transacties kunnen dus niet
worden samengevoegd. Een gebruiker die meerdere
betalingen ontvangt, zal evenveel verschillende bedragen in
zijn portefeuille houden, ook al geeft zijn software ze, om ze
gemakkelijker leesbaar te maken, globaal weer. Wanneer
de gebruiker ze wil uitgeven, berekent zijn software de beste
reeks over te dragen invoergegevens om de omvang van
de uitvoergegevens zo klein mogelijk te houden en zo de
transactiekosten te beperken. Gezien de zeer lage
transactiekosten van bitcoin cash, is het echter mogelijk, en
zeer goedkoop, om vele kleine transacties samen te voegen
tot één waarde.

- **Voorbeeld**: *Een gebruiker ontvangt 13 betalingen
van 1 x 2,3 BCH, 5 x 1,0 BCH, 2 x 0,7 BCH, 1 x 0,5
BCH, 1 x 0,3 BCH, 2 x 0,2 BCH en 1 x 0,1 BCH. Zijn
software zal hem dan vertellen dat hij 10.0 BCH
heeft.*
- *Wanneer het 3,0 BCH wil uitgeven, zal het beste
uitvoerpakket een combinatie zijn van de eerder
ontvangen 2,3 BCH en 0,7 BCH.*
- *Als hij BCH 3,05 zou willen uitgeven, zou het beste
uitvoerpakket zijn om de BCH 2,3 te combineren
met de eerder ontvangen BCH 0,7 en de BCH 0,1
transactie te splitsen in een uitvoertransactie van
BCH 0,05, waarbij de andere BCH 0,05
transactiefractie in de portefeuille wordt gehouden.*

Vergoedingen

Hoe meer een gebruiker bereid is om hoge transactiekosten te betalen, hoe sneller zijn transactie zal worden verwerkt. Aangezien de blokken in de Bitcoin cash-keten momenteel groot genoeg zijn om miners in staat te stellen alle transacties te ondermijnen, is het niet nodig een transactievergoeding te betalen om de transactie in het volgende blok te laten ondermijnen.

In de praktijk, om er zeker van te zijn dat de transactie onmiddellijk wordt bevestigd, tussen gemiddeld 0 en 10 minuten, bedragen de kosten ongeveer 1 satoshis / byte. In 2018 betekent dit voor een mediane transactiegrootte van 265 bytes een kostprijs van ongeveer 265 satoshis, ongeacht het bedrag aan bitcoins dat in contanten moet worden overgemaakt.

Hoe groter de sets invoergegevens die nodig zijn om een transactie te voltooien, hoe meer bytes er nodig zijn om de transactie te coderen en hoe hoger de kosten, maar die blijven in het geval van Bitcoin Cash nog steeds vrijwel nul.

De software die als portemonnee wordt gebruikt, berekent gewoonlijk de optimale kosten die moeten worden betaald voor de transactie die op het moment van de overdracht moet worden verwerkt. Deze kosten variëren naar gelang van het aantal transacties dat op het ogenblik van de overdracht moet worden verwerkt, maar zij blijven vrijwel nihil gezien de grote blokcapaciteit. Alleen de gebruiker bepaalt het bedrag van de transactiekosten dat hij bereid is te betalen.

Kopen en verkopen op uitwisselingsplatforms

Op bijna alle online cryptografische handelsplatforms kunt u Bitcoin Cash kopen of verkopen. Op de volgende platforms kunt u bijvoorbeeld Bitcoin Cash kopen of verkopen:

- Kraken
- Muntenhuis
- Bitfinex
- Bittrex
- Coinbase
- GDAX
- BitMEX
- Binance
- Bitstamp

Dogecoin

Dogecoin is een crypto-coin met een afbeelding van de Shiba Inu hond van dezelfde meme "Doge" als logo. Gepresenteerd als een grap op 6 december 2013, ontwikkelde Dogecoin snel zijn eigen online community en bereikte een kapitalisatie van $60 miljoen in januari 2014.

Vergeleken met andere cryptografische munten had Dogecoin een snel initieel productieschema: medio 2015 waren er 100 miljard munten in omloop, met 5,25 miljard extra munten elk jaar daarna. Op 30 juni 2015 was de 100 miljardste Dogecoin gemijnd. Hoewel er weinig commerciële consumententoepassingen zijn, heeft de munt aan populariteit gewonnen. Dogecoin is een altcoin-achtige cryptomunt.

Overzicht en geschiedenis

De Dogecoin is gemaakt door de Portland-programmeur Billy Markus, die hoopte een leuk cryptogeld te creëren dat meer mensen zou kunnen bereiken dan Bitcoin. Bovendien wilde hij zich onderscheiden van het controversiële verhaal van de andere stukken. Ondertussen werd Jackson Palmer, een medewerker van Adobe's marketingafdeling in Sydney, op Twitter aangemoedigd door een student van het Front Range Community College om het idee te verwezenlijken.

Nadat hij verschillende vermeldingen op Twitter had ontvangen, kocht Palmer het domein dogecoin.com en voegde een beginscherm toe, met het muntlogo en tekst in Comic Sans. Markus zag de site gelinkt aan een IRC-discussieforum en begon het motto te creëren nadat hij contact had opgenomen met Palmer. Markus baseerde de Dogecoin op een bestaande cryptocurrency, de Luckycoin, die een willekeurige beloning kreeg voor het uitvoeren van een blok, deze functie werd vervolgens vervangen door een statische blokbeloning in maart 2014. De Luckycoin is op zijn beurt gebaseerd op de Litecoin die ook scrypt technologie gebruikt in zijn proof-of-work algoritme. Het gebruik van scrypt betekent dat mijnwerkers de SHA-256 mijnbouwapparatuur niet kunnen gebruiken zoals bij bitcoin en dat het maken van FPGA's en ASIC's speciaal voor mijnbouw gecompliceerd is. De Dogecoin werd officieel gelanceerd op 6 december 2013. Oorspronkelijk werd verwacht dat het Dogecoin-netwerk 100 miljard Dogecoins zou produceren, maar later werd aangekondigd dat het Dogecoin-netwerk een oneindig aantal Dogecoins zou produceren.

Op 19 december 2013, Dogecoin sprong bijna 300 procent in 72 uur van 0,00026 naar 0,00095 $ met een volume van miljarden Dogecoins per dag. Deze groei kwam op een moment dat Bitcoin en veel andere cryptocurrencies werden beïnvloed door het besluit van China om Chinese banken te verbieden te investeren in de Bitcoin-economie. Drie dagen later had Dogecoin zijn eerste grote crash, met een daling van 80% als gevolg van deze gebeurtenis en de aanwezigheid van grote IT-pools die de weinige energie exploiteerden die nodig was om het te delven.

Op 25 december 2013 vond de eerste grote diefstal van Dogecoin plaats toen miljoenen munten werden gestolen tijdens een hack van het online portemonnee platform Dogewallet crypto-wallet. De hacker kreeg toegang tot het bestandssysteem van het platform en wijzigde de verzend/ontvangst pagina om alle munten naar een statisch adres te sturen. Dit hacking incident genereerde tweets over de Dogecoin, waardoor het de meest genoemde altcoin op Twitter was op dat moment, hoewel het een negatieve gebeurtenis was. Om diegenen te helpen die fondsen op Dogewallet verloren na zijn schending, lanceerde de Dogecoin gemeenschap een initiatief genaamd "SaveDogemas" om te helpen munten te doneren aan diegenen die gestolen waren. Ongeveer een maand later was er genoeg geld gedoneerd om het bedrag van alle gestolen munten te dekken. In januari 2014 overtrof het handelsvolume van Dogecoin kortstondig dat van Bitcoin en alle andere versleutelde munteenheden, maar de marktkapitalisatie van Dogecoin bleef aanzienlijk lager dan die van Bitcoin. In april 2015 kondigde Jackson Palmer aan dat hij een "verlengd verlof" nam uit de cryptocurrency gemeenschap. Op 25 april 2015 had Dogecoin een marktkapitalisatie van 13,5 miljoen dollar.

In januari 2018 bereikte de kapitalisatie 2 miljard dollar. De financiering daalde daarna aanzienlijk, tot iets meer dan 250 miljoen dollar in januari 2019.

Fondsenwerving

De gemeenschap en de Dogecoin Foundation hebben fondsenwerving voor goede doelen en andere goede doelen aangemoedigd. Op 19 januari 2014 hield de Dogecoin gemeenschap een inzamelingsactie om $50.000 in te zamelen voor het Jamaicaanse bobsleeteam, dat zich had gekwalificeerd voor de Olympische Winterspelen in Sochi, maar het zich niet kon veroorloven om te gaan. Op de tweede dag werd zesendertigduizend dollar in Dogecoin gedoneerd en steeg de wisselkoers van Dogecoin naar Bitcoin met 50%. De Dogecoin-gemeenschap heeft ook geld ingezameld voor de enige Indiase atleet in Sotsji, de zeilsportster Shiva Keshavan.

Doge4Water

Geïnspireerd door de fondsenwerving van de Olympische Winterspelen en meer bescheiden successen, begon de Dogecoin Foundation, geleid door Eric Nakagawa, donaties in te zamelen voor de aanleg van een waterput in het Tana River Basin in Kenia, in samenwerking met Charity: Water. Ze besloten om in totaal veertig miljoen Dogecoins in te zamelen voor Wereldwaterdag. De campagne was een succes, met donaties van meer dan vierduizend donateurs, waaronder een anonieme weldoener die veertien miljoen Dogcoins doneerde.

NASCAR

Op 25 maart 2014 haalde de Dogecoin-gemeenschap 67,8 miljoen Dogecoins op om NASCAR-coureur Josh Wise te sponsoren. Wise presenteerde een schilderij illustratie gesponsord door Dogecoin en Reddit op de Talladega Superspeedway. Op 4 mei 2014 werden Wise en zijn auto bijna een minuut lang voorgesteld, waarbij de racecommentatoren spraken over Dogecoin en de participerende inzamelingsactie, hij eindigde als twintigste en ontweek ternauwernood verschillende wrakken. Op 16 mei 2014 won Wise een plaats in de Sprint All-Star Race door een online stemming door Danica Patrick te verslaan, voornamelijk dankzij de inspanningen van de Dogecoin en Reddit gemeenschap. Hij eindigde de race als vijftiende, de laatste auto in de race. In de volgende race van de Coca-Cola 600, droeg Wise een Dogecoin / Reddit.com helm. Wise kondigde later aan dat hij de wagen opnieuw zou gebruiken op de Toyota / Save Mart 350 als dank aan de gemeenschap en de GEICO 500. Hij eindigde achtentwintigste in de race mede door een tankprobleem; hij lag op de twaalfde plaats na een tankstop, maar de gasfles sloot niet lang genoeg aan, wat resulteerde in een tweede pitstop die hem naar de achterkant van het peloton bracht. De ontwikkelaar van het videospel *NASCAR '14 heeft* plannen aangekondigd om de Dogecoin-auto als bestuurbare auto toe te voegen in een aankomende DLC.

Gebruik en uitwisseling

Verschillende online beurzen bieden DOGE / BTC en DOGE / LTC uitwisselingen aan. Drie beurzen,

Mengmengbi, Bter en BTC38, bieden DOGE / CNY handel aan. Op 8 januari 2014 was AltQuick.co de eerste beurs die de handel in DOGE/USD lanceerde. Op 30 januari 2014 kondigde de Canadese Vault of Satoshi Exchange ook de handel in DOGE / USD en DOGE / CAD aan. In februari 2014 kondigde de in Hongkong gevestigde beurs Asia Nexgen aan dat zij de handel in DOGE in alle belangrijke valuta's zou ondersteunen. China's beurs BTC38 heeft ook zijn steun voor Dogecoin toegevoegd, waardoor de 24-uurs marktkapitalisatie is gestegen. Op de eerste handelsdag was Dogecoin de tweede meest verhandelde valuta op het platform, na Bitcoin. In september 2014 is de Britse beurs Yacuna begonnen met het aanbieden van handel in DOGE/EUR en DOGE/GBP.

Op 31 januari 2014 werd het volume van de transacties op de belangrijkste beurzen geraamd op 1,05 miljoen dollar. De marktkapitalisatie was 60 miljoen dollar. Drie beurzen waren goed voor het grootste deel van het volume: Bter , Cryptsy en Vircurex . De meest verhandelde valutaparen waren DOGE / BTC , DOGE / CNY en DOGE / LTC .

De handel in fysieke en tastbare voorwerpen in ruil voor DOGE vindt plaats in online gemeenschappen zoals Reddit en Twitter, waar gebruikers vaak informatie over valuta uitwisselen.

De eerste Dogecoin ATM werd geïntroduceerd op Vancouver's Coinfest in februari 2014 . Op 17 maart 2014 werden in Tijuana twee Bitcoin-automaten geopend die Dogecoins en andere altcoins ondersteunen.

Dogecoin is ook gebruikt om te proberen een huis te verkopen en is gebruikt in de pornografie- en pokerindustrie.

Dogetipbot was een cryptogeldtransactiedienst die werd gebruikt op populaire sites als Reddit en Twitch.tv. Hiermee konden gebruikers Dogecoins naar andere gebruikers sturen via commando's of commentaar Reddit, ondersteuning voor Twitch.tv en Twitter was eerder stopgezet. De dienst werd in 2013 gelanceerd op Reddit. Het handelsmerk "dogetipbot" werd officieel geregistreerd op 19 augustus 2014. In november 2014 haalde het ontwikkelingsteam van Dogetipbot 445.000 dollar aan durfkapitaal op. In mei 2017 werd dogetipbot stilgelegd en offline gehaald nadat de maker ervan faillissement had aangevraagd. Hierdoor raakten veel Dogetipbot gebruikers hun onderdelen kwijt die waren opgeslagen in het Dogetipbot systeem.

DogeAPI was de eerste populaire digitale portemonnee voor Dogecoins. Het werd in augustus 2014 verkocht aan de Blockchain API ontwikkelaar, Block.io.

Evolutie van prijs en kapitalisatie

Mijnbouwparameters

De implementatie van de Dogecoin verschilt van die van de Litecoin door verschillende parameters. Dogecoin heeft een bloktijd van één minuut, in tegenstelling tot de 2,5 minuten van Litecoin.

Er zijn verschillende gevallen ontdekt van het gebruik van de computer van een werkgever of universiteit om Dogecoin te exploiteren.

De omvang van de Dogecoin blockchain was 38,8 gigabit in oktober 2019.

Decentralisatie

In oktober 2018 bedroeg het aantal actieve nodes op het Dogecoin-netwerk ongeveer 20.000. Het grootste deel van het mijnwerk wordt verricht door mijnbouwbedrijven, niet door particulieren.

Aantal Dogecoin

In tegenstelling tot deflatoire cryptocurrencies, die het aantal munten dat kan worden geproduceerd beperken, is het aantal Dogecoins dat kan worden geproduceerd onbeperkt, waardoor het een inflatoire munt is. De Dogecoin zou oorspronkelijk een limiet hebben van 100 miljard munten, wat al veel meer munten zou zijn geweest dan de grote digitale munten toestonden. In februari 2014 kondigde de oprichter van Dogecoin, Jackson Palmer, aan dat deze limiet zou worden afgeschaft en dat er geen cap zou zijn, wat zou moeten resulteren in een gestage daling van het inflatiepercentage over een lange periode.

Geniet van al onze boeken gratis...

  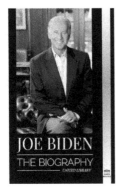

Interessante biografieën, boeiende introducties en meer.

Word lid van de exclusieve United Library reviewers club!

U krijgt elke vrijdag een nieuw boek in uw inbox geleverd.

Ga vandaag nog naar: https://campsite.bio/unitedlibrary

BOEKEN VAN DE VERENIGDE BIBLIOTHEEK

Kamala Harris: De biografie

Barack Obama: De biografie

Joe Biden: De biografie

Adolf Hitler: De biografie

Albert Einstein: De biografie

Aristoteles: De biografie

Donald Trump: De biografie

Marcus Aurelius: De biografie

Napoleon Bonaparte: De biografie

Nikola Tesla: De biografie

Paus Benedictus: De biografie

Paus Francis: De biografie

En meer...

Bekijk hier al onze gepubliceerde boeken:
https://campsite.bio/unitedlibrary

OVER UNITED LIBRARY

United Library is een kleine groep enthousiaste schrijvers. Ons doel is altijd om boeken te publiceren die een verschil maken, en we maken ons vooral zorgen of een boek in de toekomst nog wel leeft. United Library is een onafhankelijk bedrijf, opgericht in 2010, en geeft nu zo'n 50 boeken per jaar uit.

Joseph Bryan - FOUNDER/MANAGING EDITOR

Amy Patel - ARCHIVIST AND PUBLISHING ASSISTANT

Mary Kim - BEHANDELINGENBEHEER

Mary Brown - EDITOR EN TRANSLATOR

Terry Owen - EDITOR

9 789083 142791